栄養学の母・香川綾

もっと人生は愉快になる

98歳のメッセージを読む

五十嵐貴久

香川綾70歳、早朝のジョギングを始める

栄養学の母・香川綾

今はどの家庭の台所にもある計量カップとスプーン。これを考案したのが香川綾です。「栄養学の母」とも言われる香川綾は、明治32年（1899）、和歌山県に生まれました。料理上手な母のおかげで幼い頃から食生活の大切さを教わっていましたが、14歳の時に母を肺炎で亡くし、この経験から医師を志すようになります。

医師への道は平坦ではありませんでしたが、その後、東京帝国大学医学部に勤務します。そこで出会った島薗順次郎教授の「医者の本分は、人が病気にならないようにすること」という教えから、病気を予防する医者になる覚悟を決めたのです。

ほどなく綾は、同じ研究室でビタミンの研究を行なっていた香川昇三と結婚。夫とともに香川栄養学園の前身である家庭食養研究会を設立し、当時まだ知られていなかった栄養学の普及に着手します。

しかし試練は突然訪れます。戦争の空襲で、できたばかりの新校舎が焼失。続いて疎開先で昇三と死別。空襲が始まった頃、「どちらか生き残った者が二人の意志として栄養学の仕事を続けよう」と語っていた昇三の言葉を思い起こし、栄養学に一生を捧げる決意を固めます。

戦後、一人になった綾は、焼失した校舎を再建し、栄養学の普及と後進の育成に邁進《まいしん》します。カップ・スプーンを考案したのは、そんな戦後間もない頃のことでした。

焼け跡からの再出発。多くの苦難にも負けることなく、その後、短大・大学・大学院・専門学校を設立し、「食の総合学園」を実現。栄養学と女子教育に一生を捧げ、日本の栄養学の発展に大きな足跡を残します。

晩年まで教壇に立って後進の育成に努め、98歳で亡くなる直前まで「食事日記」を記録し、多くの著作も残しました。本書では、そんな綾の残した言葉をお届けします。

メートル法が採用された戦後、日本の計量は混乱していました。従来の尺貫法が併用され、料理の分野でもグラムと匁《もんめ》が混在していたのです。料理の計量がばらばらでは、健康のもととなるおいしい料理を広めることはできません。そこで綾は、定量化した新たなカップとスプーンを考案。家庭料理で使われる調味料の量も研究し、どの家庭でも健康でおいしい料理が作れるようになったのです。

目次

Chapter. 2

思いついたら、即行動

Chapter. 3

老いはあなたを自由にする

Chapter. 4

濃く学んで、愉快に働く ——若い人たちに

Chapter.5

生きる喜びの源泉

焦らなくていい —— 178

健康は一夜にしてできるものではありません —— 182

時代についていけないと嘆かないで —— 188

助けたり、助けられたり —— 192

作る人の愛情がこもった料理 —— 196

ほどほどに、いい塩梅で —— 161

やってみなければわからない —— 167

相手が耳を傾けてくれるような意見を —— 173

香川綾の歩み —— 203

人生を楽しみ、愉快に過ごした人
――生涯現役を通した香川綾

現在の日本では少子高齢化が大きな問題になっています。少子は置いておくとして、高齢化の問題とは何でしょう?

よく言われるように、年齢は数字に過ぎません。10歳の子供が20歳になった時、それを「老いた」と呼ぶ人はいません。普通は「成長した」と考えます。

20歳が30歳になり、40歳になり、50歳、60歳、70歳、80歳、90歳、そして100歳になっても「成長」と捉えることができるはずです。しかし、現実にはそうなりません。個人差はあるにしても、一定の年齢を超えると「成長」は「老い」に変化します。

では「成長」と「老い」の間にある線とは何でしょう？　つきつめて考えると「心身の機能の衰え」と定義できます。

心が瑞々しさを失い、体の不調が目立ち、物忘れが増える。他にもさまざまな不具合がありますが、今後「老いていく日本人」に求められるのは、心身の衰えとうまく折り合いをつけて、元気に、健康に、生涯現役を目指す、ということではないでしょうか。

そのモデルとして、私は女子栄養大学の創設者、香川綾さんを挙げたいと思います。

＊

香川綾さんの名前を私に教えて下さったのはテレビ番組「料理の鉄人」で審査員を務めていた岸朝子さんでした。私の日記によると、1995年の暮れ、当時河田町にあったフジテレビのスタジオで、お話を伺っていた際、「あなた、香川先生のことは知ってるの?」と岸さんがおっしゃった時のことを今もはっきり覚えています。

(その頃、私は「料理の鉄人」の番組本を作っており、道場六三郎さん、坂井宏行さん、陳建一さん、その他多くの料理人、番組プロデューサーやディレクターなどスタッフに取材しており、岸さんとも話す機会が多かったのです)

その3年半後、98年の夏に服部幸應先生とお会いした際に(「料理の鉄人」の解説者を務め、番組作りに全面協力されていたこともあり、私は服部先生と呼んでいました)、「香川さんが亡くなられたんだよ」と寂しそうに話されていたのも覚えています。

90年代に入った頃から(おそらくはもっと前から)服部先生は「食育」を説いておられ、その時も「食育」の話から栄養学、そして香川綾さんの話題になったのだと思います。

その頃、私は30代後半で「老い」は他人事でした。十数年が経ち、私も「老い」に向き合わざるを得なくなり、私の「食」の師である岸さんや服部先生が折々に触れられていた香川綾さんについて調べてみよう、と決めたのは53歳の時でした。

＊

平成9年（1997）4月2日、香川綾さんは亡くなられています。生年は1899年、明治32年ですから、98年の生涯でした。明治、大正、昭和、平成、4つの時代を生きたことになります。

その数奇な人生については、別の形で書ければと思っていますが、簡単に説明すると、香川綾さんは医師であり栄養学者であり科学者であり教育者であり、日本栄養学の母と称された女性です。

日本で最も早くカロリー（エネルギー）の概念に触れた一人であり、その研究を生涯続けました。20代の後半には一日のカロリー摂取量の最適値に注目し、毎日三食の食事の一品《ひとしな》ずつのカロリーを計算し、すべてをメモするのが習慣になりました。

生涯現役のモデル、と前に記しましたが、香川綾さんは亡くなる直前まで自分が何を食べたのか、そのカロリー数のメモを残していました。規則正しい食生活を心掛け、栄養バランスと摂取カロリーを計算すれば元気で長生きできると仮説を立て、自らの体を使ってそれを証明したのです。

＊

2020年、65歳以上の人口の割合は28・6％でしたが、2070年には38・7％に増加すると予測されています（厚生労働省による将来推計人口の概要）。病気、年金、介護、労働力不足、あらゆる問題が山積みで、不安になっている方も多いのではないでしょうか。

この本では、香川綾さんの著作物から「生涯現役であるためのコツ」となる言葉を引用し、私がその解説をしています。98年という長い人生を最期まで現役で貫いた女性の言葉ですから、何らかのヒントになるのではないか、その思いで香川綾さんの言葉をわかりやすく読み解いたつもりです。

ただ長生きするのではなく、元気に過ごすには、体だけではなく、心も健康に保たなければなりません。早い時期から、香川綾さんはそれについても触れています。その辺りも楽しい生き方のヒントになるでしょう。

60代になり、私にとっても「老い」は切実な問題となっています。ですが、年齢と関係なく人生を楽しみ、愉快に過ごした人がいたのです。

誰にでも事情があり、まったく同じとはいかないでしょうが、その頂《いただき》を目指すことはできるはずです。たったひとつの言葉でも、人生は変わります。本書があなたの「気づき」になることを願っています。

五十嵐貴久

Chapter. 1

自分は みんなと同じ 弱い人間

夢を見ること、願うこと

特別な才能がなくても、強く願っているだけで、
思わぬ結果を生むことがあります。夢を見ること、願うこと。
それをかなえようとする心があなたを動かすのです。

人は誰でも老います。
年齢を重ねると、昔できたことでもできなくなります。
でも、若い時にはわからなかったことが腑に落ちるようになります。
老いたからといって、落胆する必要はないのです。

ただし、そのためには「正しく老い」なければなりません。

健康は大切だが、体の健康だけではだめで、どうしても心に燃えるような理想が必要である。

「食事日記」より

振り返ると、綾さんの人生は夢や理想を現実に変えるための戦いの連続でした。

綾さんが女子栄養大学を創立したのは、昭和36年のことです。

この時、綾さんは62歳でした。

もし、綾さんに栄養学を専門に学ぶ大学を創るという理想がなかったら、心の健康を失っていたかもしれません。

女子栄養大学は綾さんの一生の夢でした。

戦前から「栄養の大学を創る」と口癖のように言い続け、戦後になってもまだ栄養学への理解が乏しかった時代に大学創立を認めさせたのです。

「それは綾さんが強く、優秀な人だったからだ」

そう思う人もいるでしょう。

では、綾さん自身はどう思っていたのでしょうか。


自分はだれとも同じように弱い人間である。しかし、人間はやり通そうと思うと、特別な工夫をしなくても、その精神力が行動をよび、思いがけない仕事を次々に成し遂げていく。

「食事日記」より

綾さんは特別な人ではありませんでした。

ただ、女子栄養大学を創立するという夢を持ち、その実現に夢中になっただけなのです。

綾さんはたった一人で文部省と戦い続けました。

雨垂れ石を穿《うが》つ、という言葉があります。

石の上に落ちる雨の滴は、それを努力と思っていません。

けれど、いつの日か石に穴があくでしょう。

綾さんにとっても、それは同じでした。

特別な才能がなくても、強く願っているだけで、思わぬ結果を生むことがあります。

強く願うとは、すなわち日々の努力を重ねることです。

もちろん、努力には「努力できる」才能が必要です。

その意味で、綾さんには才能があったのかもしれません。

でも、綾さん自身はその才能に気づいていませんでしたし、それを才能だと思ってもいなかったでしょう。

夢を見ること、願うこと、それをかなえようとする心があなたを動かすのです。

その思いこそが理想となり、心の健康に繫《つな》がります。

体の健康だけではなく、心の健康の二輪が揃っていないと、老いても楽しくありません。

健全な精神は健全な肉体に宿ると言いますが、逆に言えば、健康な体には健全な精神が必須なのです。

健全な精神とは、何歳になっても燃えるような理想を持つ心のことです。

何でも構いませんから、心の内に理想の旗を掲げてみませんか?

それだけで、毎日を楽しく過ごせるでしょう。

目覚めるたびに、命に感謝

朝、目覚めた時に命に感謝する。
夜、眠る前には今日一日のことを考える。
たったそれだけで、あなたの人生が充実します。

あなたは命を当たり前だと考えていませんか？
人は生まれ、それぞれの寿命に応じて亡くなります。
死は避けられない運命です。
逆に言えば、生を享《う》け、生きていることそのものが奇跡なのです。

朝、目が覚めると、ああ今日も生命があった、ありがたいことだと思います。そして、いただいた生命を今日も精いっぱい生かそうと切に思うのは、鏡の前で髪を結うときです。

『余白の一行』より

亡くなるその日まで、綾さんは生きていることに感謝を捧げていました。
決して簡単なことではありません。
多くの人が、生きていることを当たり前のように思っています。
でも、決して「当たり前のこと」ではないのです。
子供であれ、若者であれ、大人であれ、老いてもなお、命は尊いものです。
それを忘れてしまっては、命に対して失礼というものでしょう。
生きていることに感謝し、与えられた命を精一杯使う。
そうすれば充実した生を得られます。
そして、死を恐れる必要はありません。

日々を楽しく、愉快に、悔いなく生きればいいのです。

死に関して、綾さんはこんなことを言っています

死についてあまり考えませんね。不安もありません。神様におまかせしているから。

『余白の一行』より

綾さんはクリスチャンでしたが、ここで言う神様とはイエス・キリストのことではないのでしょう。

もっと大きな意味での神様、つまり運命というほどの意味です。

毎日を悔いなく生き、命を燃やしていると思えば、死を受け入れることがたやすくなります。

長寿は素晴らしいことです。

短命より長生きの方がいい、と誰もが考えるでしょう。

ですが、生や死の前に、今日という一日を精一杯生き、楽しむことが重要なのではありませんか？

信じられないような偶然が何度も重なり、あなたはこの世に生を享けました。

命とは、いただいたものなのです。

いただいた命を無駄に使うのは、もったいないと思いませんか？

SDGsにならって言えば、命とは限りある資源なのです。

有効に活用すべきもの、とも言えます。

いつの日か、資源は涸《か》れ、命は消えるでしょう。

でも、有限だからこそ、使い尽くした方がいいのは考えるまでもありません。

綾さんは毎朝起きるたびに、命に感謝していました。

では、あなたは夜眠る前に、こう考えてみませんか？

「今日一日、わたしは精一杯生きただろうか？」

いくつになっても、できる問いです。

過ぎていく日々を毎日全力で生き抜ける人は少ないでしょう。
でも、そんな日が一日でも多ければ、人生は楽しくなります。
朝、目覚めた時に命に感謝する。
夜、眠る前には今日一日のことを考える。
たったそれだけで、あなたの人生が充実するのです。
今日からでも、やってみませんか？

人間を人間たらしめているもの

日本は世界一の長寿国。
しかし、問われているのは、長寿のための健康法ではなく、
健康な体をいかに社会のために役立てるかということです。

戦前、日本人の平均寿命は50歳を下回っていました。
男性は46・92歳、女性は49・63歳だったのです。
日本人の平均寿命が50歳を越えるのは、昭和22年のことでした。
その後、日本人の平均寿命は今日に至るまで延び続けています。

余談ですが、これにはいくつもの事情が重なっています。

特に大きかったのは、医学が急速に進歩したこと、戦争がなかったことでしょう。

簡単に言えば、平均寿命の計算では0《ゼロ》歳児が何歳まで生きたかによって、答えを出します。

戦前には死産も多く、抵抗力の弱い乳児や幼児が亡くなることも少なくありませんでした。

ですから、計算の方法によって、平均寿命は少し変わるようです。

とはいえ、現実を見ると、日本人が長生きになったのは確かです。

統計を取った年によって多少順位は変わりますが、現在の日本は長寿国であり、世界でも1位、2位を争う国と言っていいでしょう。

ちなみに、2024年の7月に厚生労働省が発表した2023年の簡易生命表によると、男性は81・09年、女性は87・14年でした。

更に言えば、日本人男性はスイス、スウェーデン、ノルウェー、オーストラリアに次ぎ、イタリアと並んで世界第5位、女性は第1位の長寿国です。

それ自体は喜ぶべきことですが、綾さんはこんなことを言っています。


日本は世界一の長寿国ですが、現在問われているのは長寿のための健康法ではなく、健康な体をいかに社会のために役立てるかということです。

『余白の一行』より

綾さんは終生健康について考え続けていました。

そして、長く生きるだけではなく、健康であること、更にその命を社会に役立てるためにはどうすればいいのか、という発想を常に持っていました。

長生きするために生きるのではなく、授かった命を社会に奉仕し、使うために生きること。

それもまた重要である、と綾さんは考えていたのです。

健康であること、長生きすることを誰もが願います。
でも、それだけでは足りません。
命をどのように使うかが大事です。
それでこそ、命に意味が生まれるのです。

健康な体を自分の栄耀栄華《えいようえいが》のためにだけ使うのなら、草原を元気に走り回っている野生動物となんら変わりません。人間は、自分の能力を人のため社会のために役立ててこそ健康といえるのです。

『余白の一行』より

健康について深く考えていた綾さんだからこそ、こんな発想が生まれたのでしょう。
自分の命は自分だけのものではない。
命は社会のためにある。
自分のためだけではなく、社会のため、他人のために命を使う。

決して簡単ではありません。

人はどうしても自分ファーストになる生き物です。

自分が生きるためなら、他人を犠牲にするのもやむを得ない。

極端に言えば、そんな考え方をする人もいるでしょう。

でも、それでは生に何の意味があるのか、と綾さんは問いかけます。

人間は動物ではない。

社会的な生き物である。

それは綾さんにとって絶対の真実でした。

奉仕精神というと説教臭くなりますが、他者に尽くすことが自分のためになる、と綾さんは考えていたのではないでしょうか。

綾さんの人生は徹頭徹尾、他人のための人生でした。

自分のことだけを考えていれば、もっと楽な生き方もあったはずです。

でも、綾さんはそんな命の使い方をしませんでした。

それでは動物と何ら変わらないではないか。
人間は人間として生きるべきだ。
社会に対する責任があり、お互いを思いやる心を持っている。
それが人間を人間たらしめている。
長生きすればそれでいいわけではない。
どんな形であれ、社会貢献のために命を使う。
それこそが健康である、と綾さんは語っています。
健康とは、生き方なのです。

本当に好きだったことを忘れていませんか？

これまでできなかったことがあっても、歳を取ると
いろんな枷《かせ》が外れ、自由度が増してきます。新しいことを始めるのに、
年齢や才能は関係ありません。遅すぎることはないのです。

ある程度の年齢になると、新しいことに興味が湧かなくなるものです。

「自分に何か才能があるわけでもないし、今さら新しいことを始めても仕方ない」

そんな風に諦めてしまってはいませんか？

ですが、新しいことを始めるのに、年齢は関係ありません。

才能も必要ないのです。
では、何がいるのでしょう?
子供の頃を思い出してみましょう。
あなたには好きなものと嫌いなものがあったはずです。
「この歳になって」「いい歳をして」
そんなことを言わずに、もう一度チャレンジしてみませんか?
子供のように夢中になって、熱中すればいいのです。

子供のころ、言葉は遅いし、歌も下手でした。とり柄は一つのことに熱中することでした。おかげで栄養学一筋に歩んでいるのですから、人間何が幸いするかわかりません。

『余白の一行』より

小さい頃、綾さんは発育が遅く、言葉の覚えも悪かったといいます。

他の子供と比べると小柄で、運動神経もよくありませんでした。

ただ、好きなことに関しては熱心で、両親に声をかけられても気づかないほど本を読み耽《ふけ》った、そんなエピソードは数え切れません。

それは綾さんの中に、熱中する心があったからです。

そして、それは誰でも持っているものなのです。

生きていると、さまざまなことが起きます。

なかなか自分の時間も取れません。

忙しく働いているうちに、本当に好きだったことを忘れてはいないでしょうか？

日々の暮らしや経済的な事情、体力の問題、いろんな理由があって、止めてしまったことがあるかもしれません。

歳を取ると、そういう枷がどんどん外れていきます。

不自由なことばかり、と嘆く方も多いかもしれませんが、実は自由度が増しているのです。

今こそ、子供の頃を思い出して、ひとつのことに本気で向き合ってみませんか？
何かを始めるのに、遅すぎることはありません。
好きなことを好きな時に好きなようにやってみるのです。
恥ずかしいことなんてありません。
年甲斐もない、と考える人もいるかもしれません。
でも、その意味では、綾さんは最後まで年甲斐のない人でした。
だからこそ、人生を楽しめたのです。

私はこの仕事が好きだから、やり遂げることができました。今では美しい虹のような思い出だけが残っています。

『余白の一行』より

仕事でなくてもいいのです。
趣味でも何でも構いません。

子供のように無心でひとつの物事に集中し、少しずつでもいいから、毎日続けてみましょう。

「あれをしておけばよかった、こうしていればよかった」

そんな悔いを残すのはよくありません。

ひたすら、心の赴くまま、やりたいことをやるのです。

老年期に入ったことで、あなたはさまざまな意味での余裕を得ました。

特に大きいのは時間です。

時間を有効に使いましょう。

昔できなかったことでも、今ならできるかもしれません。

例えば、昔の友達と話してはどうでしょうか。

いつの間にか、連絡先がわからなくなった懐かしい友達はいませんか？

「あの人はどうしているの？」

友達でも、知り合いでも、尋ねてみましょう。

知らない、わからない、と答えが返ってくるかもしれません。
でも、あなたが投げた小さな石は必ず波紋となります。
世間は広いようで狭いものです。
もしかしたら、懐かしい友達と再会できるかもしれません。

自分と他人を比べない

自分と他人を比べずに、うまくいったことだけを数えていく。
その方が楽しいとわかれば、すぐに身につく習慣です。
希望を胸に抱いていれば、必ず事態は好転します。

悲しいことですが、人は不満を抱えて生きるものです。
何もかもに満足している人は少ないでしょう。
そして、人は何であれ自分と他人を比べます。
意味のないつまらないことをしている、と自覚していても、そうせずにはいられない。

良くも悪くも、それが人間なのです。

ですが、なるべくなら不満をなくした方が、人生は楽しく、豊かになります。

すべての不満をなくすのは難しいかもしれませんが、ひとつずつ不満という名の荷物を肩から下ろしてはどうでしょう?


人間は、失ったもの、ないものを数える人と、まだ残っているもの、あるものを数える人とに分かれるようです。ないものを数える人には不平不満が山積しますが、あるものを数える人には希望や意欲が生まれ、情勢が一変するまで持ちこたえることができるのではないでしょうか。

『余白の一行』より

人は楽観論者と悲観論者に分かれます。

コップに水が半分入っています。

まだ半分あると思うのか、もう半分しかないと考えるのか。

物事は考え方次第ということです。

綾さんの人生には、さまざまな挫折や失敗がありました。

思う通りにいかなかったこと、うまくいかなかったことも多かったでしょう。

でも、綾さんは徹底的な楽観論者でした。

うまくいかなかったことが100あっても、うまくいったことがひとつあればそれでいい。

自分と他人を比べたりせず、うまくいったことだけを数えていたのです。

簡単なようで難しいことですが、その方が楽しいとわかれば、すぐに身につく習慣でもあります。

不平不満より希望を胸に抱いていれば、必ず事態は好転するのです。

希望について、綾さんはこんなことも言っています。

希望を捨てることは人間をやめることに等しいのです。生きていれば、春はあけぼの。やがて輝く太陽を見ることができます。

『余白の一行』より

14歳の時、綾さんは最愛の母親を亡くしました。
誰よりも綾さんを愛し、最大の理解者だった夫と死別したのは46歳の時でした。
明治生まれの綾さんの人生は、多くの戦争と重なっていました。
両親や夫だけではなく、友人を失ったこともありました。
そのたびに、大きなショックを受けましたが、綾さんは希望の光を灯し続けました。
希望を失ってしまえば、人として生きていけないと知っていたのです。
長生きすることは幸せである、と言っていいでしょう。
ですが、希望がないまま長く生きるのは、かえって辛いかもしれません。
大事なのは、何歳になっても希望を持つことです。

希望とは夢でもあります。
あなたには夢がありますか？
どこかで諦めていませんか？
それでは心に不満が積もるだけです。
希望や夢をしっかりと胸に抱きましょう。
そうすれば、新しい一日が楽しくなります。

亡くなった夫との約束

自分との約束は破れますが、他人との約束は破れません。ましてや、亡くなった夫との約束は守るしかないのです。失意のどん底で、この約束を命懸けで守り抜きました。

だれにも失意のとき、試練のときがあります。自分ほど不幸な人間はいないと思うこともあるでしょう。そんなとき、ひと言でも生きる指針となる言葉があれば、ふたたび光に向かって歩き始めることができます。

『余白の一行』より

綾さんが選んだのは医師という職業でした。

医師とは生と死を見つめる仕事です。

人間は病気や怪我をします。

老いによっても、体にさまざまな不具合が起きます。

時には、そのために命を落とします。

医師にとって死は不倶戴天《ふぐたいてん》の敵で、だからこそ、その正体を知っておく必要があります。

綾さんが医師を志したきっかけは母親の死でした。

急性肺炎にかかった母親を、どの医師も救えなかった。

それなら自分が医師になり、あらゆる病気を治すと決心したのです。

医学を学ぶにつれ、すべての病気を治すのは不可能だと悟り、予防医学の道を進みました。

病気になってから治すのではなく、なる前に防いだ方がいい、と考えたのです。

同じ時期、後に綾さんの夫になる香川昇三も予防医学の重要さに気づいていました。

この時代、予防医学の研究をしていた者は少なく、綾さんと昇三は互いに協力する掛け替えのないパートナーだったのです。

4人の子供に恵まれ、二人は幸せに暮らしていましたが、昇三の病死によって、15年の結婚生活は突然終わります。

綾さんがどれほどのショックを受けたか、それは誰にもわからないでしょう。

その時点で、綾さんには予防医学や栄養学の研究を止める選択肢がありました。

でも、綾さんはその道を選びませんでした。

なぜなら、綾さんは昇三と約束をしていたからです。


(戦時中なので)どちらかが死亡するかもしれない。だが、ぼくたちの目的は栄養学の研究で、それは一致しているのだから、残った一人が研究を続けよう。(大意)

『香川綾の歩んだ道』より

第二次世界大戦の空襲が激しくなっていた時期、二人はこんな約束を交わします。
昇三は生来頑健と言えず、兵隊に取られなかったのはそのためもありました。
何らかの予感が、昇三の中にあったのかもしれません。
だから、綾さんと約束をしたのです。
そして、綾さんもこの約束を忘れませんでした。
自分との約束は破れますが、他人との約束はそうもいきません。
ましてや、亡くなった夫との約束は守るしかないのです。
失意のどん底にあっても、綾さんはこの約束を命懸けで守り抜きました。
命とは、あなたの人生を照らす光です。
光に向かって歩き続けるには、意志の力が必要です。
それを忘れずに生きれば、より良い人生を歩めるのではないでしょうか。

健康に近道はありません

病気になってから治療するより、予防する方がずっと簡単。
人間の体は日々新たに作られていますから、
一日一日の食事が決め手です。

健康と栄養は密接な関係があります。
現代においては、常識といっていいでしょう。
暴飲暴食、無理なダイエット、不規則な食生活、いずれも健康を損ないます。

食生活をおろそかにすることは、人生を無駄にすることです。

『余白の一行』より

綾さんはそう言っています。

食べたい物を食べたい時に食べ、過食になれば、さまざまな病気を招きます。

逆に拒食になっても、それもまた病気のもとです。

極端なダイエットなど、健康を害するだけでしょう。

食生活こそ、人間の基本なのです。

基本を疎《おろそ》かにすれば、必ずしっぺ返しが来ます。

何歳であっても、食事には気を遣わなければなりません。

そのためには、あるレベルでの節制が必要だ、と綾さんは考えていました。

ここでいう節制とは、食べ過ぎないこと、自分の好物ばかり食べないこと、というほどの意味です。

ひと言で言えば、偏りのない食生活、ということになるでしょう。

失った健康を取り戻すには、大変な努力と時間がいります。

病気と付き合うのも人生のうち、と考える人もいるかもしれませんが、なるべくなら遠ざけておきたいものでしょう。

ただ、それには日々の努力が必要です。


健康には近道はありません。人間の体は日々新たに作られていますから、一日一日の食事が決め手なのです。

『余白の一行』より

毎日、3度の食事をとる際、栄養バランスについて考える習慣を身につけましょう。

そうすれば、自然とさまざまな病気から身を守ることができます。

年齢に見合ったカロリー（エネルギー）を摂取する。

面倒ですが、病気になってからでは遅いのです。

そして、カロリーの計算は難しくありませんから、誰にでもできます。

毎食、計算なんかしたくない、という方もいるでしょう。

心掛ける、ということでも構いません。

その意識があなたを守ります。

毎日を愉快に過ごすために、病気は不要です。

病気になってから治療するより、病気を予防する方がずっと簡単で、辛いこともありません。

今のうちに、習慣づけておいた方がいいのでは？

健康に近道はないのですから。

諦めない心

すぐに結果を出そうとしていませんか？
本当にやりたいことは、5年、10年の計画でやればいい。
すぐに結果を出そうとするから挫折するのです。

人間の暮らしは意外と不自由なものです。
エゴばかり前面に押し出せば、生き辛くなります。
生きていれば、何かと我慢することもあるでしょう。

あきらめないこと、辛抱することです。辛抱は苦しいことに流されないようにすることですが、辛抱には〝心棒〟が必要です。心棒は車輪の軸のことで、これがぐらぐらしていると脱線します。

『余白の一行』より

辛抱が大事、と綾さんは語ります。
それは「諦めない」ことでもあります。
多くの人がそうであるように、綾さんにはやりたいことがたくさんありました。
ただ、やりたいことをするのは、簡単ではありません。

本当にやりたいことは、5年、10年の計画でやればよいのです。すぐに結果を出そうとするから挫折をするのです。

『余白の一行』より

今日始めて、明日結果が出るわけではありません。

そこには辛抱が必要ですし、諦めない心も不可欠です。
すぐに結果を出そうとしていませんか？
本当にやりたいことは、何年もかけて準備するべきです。
5年、10年、もっと長いスパンでもいいと思います。
じっくりと時間をかけて、自分のやりたいことに向き合う。
計画を立て、現実的かどうかを見定め、チャンスを待つ。
それでこそ、やりたいことができるようになるのです。
何よりも大事なのは時間です。
老いたから、残された時間が少ないと焦っているかもしれません。
でも、それは違います。
老いたからこそ、あなたには時間があるのです。
綾さんはこんなことも言っています。

私は、まだ97歳。女性は子育てや家事で大変ですから、長生きをして、やりたいことをやればよいのです。

『余白の一行』より

97歳にして「まだ97歳」と綾さんは言います。
97歳だから、自由になれる。
余裕のある時間の使い方ができる。
人生100年時代、と言われています。
元気に100歳を迎える人も珍しくなくなりました。
健康であれば、もっとあなたの時間は増えます。
その時間を有効に使う権利が、あなたにはあります。
楽しく、愉快に人生を生きるためには、さまざまな準備が必要でしょう。
屈伸運動やストレッチをしないまま走り出せば、怪我をするかもしれません。
練習もしないで、フルマラソンを走れるわけがありません。

準備とは、そういう意味です。
まず、あなたが本当にやりたかったことを、改めて考えてみませんか？
ノートにメモをするだけでもいいのです。
何を、どうすればいいのか、じっくり考えてみましょう。
あなたの自由を妨げる者はいません。
今こそ、やりたかったことをやって、思う存分楽しみましょう。
それこそが元気で長生きできる秘訣なのです。

Chapter. 2

思いついたら、即行動

生涯学習のすすめ

肉体的な盛りは過ぎたかもしれませんが、
頭の盛りはこれからです。
学びに終わりはありません。

「生涯学習」という言葉があります。
何歳になっても、人は学ぶことができます。
勉強、という意味ではありません。
知識を増やす、ということでもありません。

学ぶこと自体が人生における喜びなのです。

ですが、多くを学ぶためには、人生はあまりにも短すぎます。

特に若い時は、目の前の「学習」に精一杯で、本質を学ぶ時間が少ないのが実際のところではないでしょうか。

その意味では、年齢を重ね、時間に余裕ができた時、人は初めて「学べ」るのかもしれません。


考えること、読むこと、書くこと、話すこと、聞くことによって、内から熟し、外から触発されて新しい思いが生まれるのです。

『余白の一行』より

せっかく時間ができたのですから、使わない手はありません。

若い時にできなかった学びを始めてみませんか？

興味や好奇心の赴くまま、学びの旅に出てみましょう。

人は経験によって学びます。

若い時にわからなかったことが、今になるとよくわかる。

そんなこともあるでしょう。

ただ考えるのではなく、深く考える。

そのために本を読んだり、頭に浮かんだアイデアを書き留めたり、誰かと話し合ってみるのもいいのでは？

自分の考えだけに凝り固まるのではなく、他人と話し、意見を聞くことで、新しい発見があるかもしれません。

勉強、というと堅苦しくなります。

もっと気楽に構えましょう。

年齢を重ねていくにつれ、若い時のようには体が動かなくなります。

でも、頭は違います。

年齢を重ねたことによって、あなたの経験値は増し、視野も広くなっているでしょう。
それを有効に使わないのは、もったいないと思いませんか？
生きていれば、人は老います。
そして、生きていればいずれは病を得ます。
そして、死は避けられません。
人にとって、それは必定です。
あなたが持っている時間も有限です。
だからこそ、その時間をうまく使いましょう。
学びに「遅すぎる」はありません。
今日、たった今からでも始められます。
少しずつでも学びが深くなれば、あなたは人として成熟します。
人生の終わりまで、体を動かし続けるのは難しいでしょう。
でも、その日が来るまで、あなたは頭を動かせます。

肉体的な盛りはずっと前だったかもしれませんが、頭の盛りはこれからなのです。

学びに終わりはありません。

どれだけ深く学んでも、何もわからないかもしれません。

それでも、今日よりは明日、明日よりは明後日の方が広く、深く学べます。

それこそが幸せで豊かな人生ではないでしょうか。

暮らしの中の「思いつき」を大切に

こんな物があったら便利かも？　こんな物があれば楽しいのでは？

思いついたら、すぐメモに書き留め、見返してみる。

ちょっとした工夫で生活が豊かになります。


誰の家にもある計量スプーンと計量カップ。

考案したのは綾さんです。

スプーンやカップは昔からありましたし、それらを使って調味料などの分量を量るのも一般的でしたが、計量のために特化した形を作ったのは綾さんでした。

これには綾さんの性格が関係していたようです。

綾さんは思いつきの人で、思いついたことをすぐ口にしたそうです。

癖、と言ってもいいかもしれません。

時には、朝言ったことと夜言ったことが正反対になったりしましたが、思いつきとはそういうものでしょう。

綾さん自身も、自分の思いつきがすべて正しいとは考えていませんでした。

ただ、口にする、言葉にすることで、思いつきは形になりやすくなります。

綾さんはメモ魔でしたから、思いついたことをすぐ書き留めました。

おそらくは、そのほとんどが単なる「思ったこと」になったでしょう。

ですが、言葉にして、メモしたアイデアが形になったこともあります。

計量スプーンとカップはその一例です。

こんな物があったら便利では？　こんな物があれば楽しいのでは？

ただそれだけの思いで、綾さんは思いつきを口にし続けていたのです。

金銭や利益や儲けのためではありません。

自分が面白いと思ったものが、本当に誰かのためになり、誰かの生活を豊かにするだろうか？

それは綾さんの実験だったのかもしれません。

思いつきとはアイデアを指します。

ちょっとしたきっかけで、人は何かを思いつきます。

でも、「そんなことは無理だ」「現実的ではない」「お金がないから形にできない」とアイデアに蓋をしてしまいがちです。

いい歳をして、思いつきを言うなんて恥ずかしい、そんな人もいるでしょう。

ですが、アイデアに老いも若いもありません。

思いついたことを口にし、メモに書き留め、折に触れ見返してみましょう。

忘れてしまうような事なら、それは単なる思いつきですが、覚えているなら考えるに足る何かかもしれません。

アイデアを生み出すコツは、毎日の生活の中にあります。

私が万年筆や鉛筆を入れていたのは、旅行用の歯ブラシが入っていたビニール袋です。（中略）小さなアイデアで生活が愉快に、また変化に富んだものになるのです。今あるものを〝捨てる〟ことより〝活かす〟発想を大切にしたいものです。

『余白の一行』より

大きな発明をするのは、誰にとっても難しいでしょう。

でも、ちょっとした工夫で生活を豊かにするのは、それほど難しくないはずです。

日常的に使っているスプーンやカップに目盛りを刻んだらどうなるだろう？

たったそれだけの発想から作られた計量スプーンや計量カップを、今では誰もが使うようになっています。

普通なら捨ててしまう「歯ブラシを入れたビニール袋」を筆箱として使ってみたら、

どうなるのか？
形が固定されている筆箱より便利だ、と綾さんは気づきます。
見かけは良くないかもしれません。
でも軽いし、丈夫だし、それなら筆箱という形にこだわる必要はありません。
日本は消費大国で、そのためにゴミが膨大な量となり社会問題にもなっています。
小さなアイデアでも、うまく活用すれば無駄が省けます。
節約にもなりますし、ゴミが出ることもないのです。
大きな形に発展することもあるのでは？
アイデアに年齢は関係ありません。
思いついたら即行動、それが綾さんのモットーでした。
あなたも思いついたことを言葉にして、あるいは書いて残しておきましょう。
機会があれば、実践してみるのです。
それが豊かな生活への第一歩になるかもしれません。

億劫がらずに、体で覚える

ぼんやりテレビを見るだけでなく、
億劫《おっくう》がらずに、ノートに書き、指で覚える、
体で覚えたことは忘れません。

現在、日本人女性の平均寿命は87・09歳、綾さんは98歳で亡くなっていますから、遥かに長寿でした。

でも、綾さんも老いを感じなかったわけではありません。

綾さんの日記によれば、体の衰えを感じたのは50代の初めだったようです。

髪に白いものが混じり、疲れやすくなり、思うように体が動かない。

目が霞んだり、耳が遠くなったり、そんなこともありました。

誰でも、それは同じです。

ただ、綾さんはそれをあまり気にしませんでした。

自分でできることは自分でやり、できないことは誰かに頼めばいい。

そこに貸し借りはなく、言い方を変えれば、あなたはずっと「貸し」ていたのです。

その「貸し」を「返して」もらっているので、「借り」ではありません。

そう考えれば、心の負担は軽くなります。

大事なのは「自分ができること」は「自分でやる」ことです。

今まで「貸し」ていたあなたが「借りる」側に回った時、何もかも「借り」ていたら、申し訳ないという気持ちになるでしょう。

それでは楽しくありません。

だから、身の回りのことは自分ですればいいのです。

綾さんはこんなことも言ってます。

メモをすると書けない文字があったり、体操をしてみると体の固くなっている部分を発見しますが、ぼんやりテレビやラジオを見たり聞いたりするのでなく、体で覚えるようにしているのです。

『余白の一行』より

歳を取ると、体だけではなく、心の機能も衰えがちになります。
老いとは、そういうものです。
お友達の顔は浮かぶけれど、名前が出てこない。
何度も行ったことがあるお店なのに、店名を忘れてしまう。
誰にでも、そんなことはあるでしょう。
でも、綾さんは「みんながそうなのだから仕方ない」とは考えませんでした。
名前が出てこなければ、出てくるまで考える。

覚えていないなら、調べてみる。

そのためには体を使うのが一番です。

書きたい漢字があっても、頭に浮かばないから諦めるのではなく、辞書を引いてみましょう。

そして、ノートに書き、指で覚えるのです。

体も同じです。

体が硬くなっているから、動かすと痛むからやらないのではなく、ゆっくりでいいから動かしてみましょう。

それこそが元気で長生きできる秘訣なのです。

自分から動くのは、誰にとっても億劫です。

そんな時は、誰かに手伝ってもらえばどうでしょうか？

あるいは、周りの人に声をかけて、一緒にやってみましょう。

人はなかなか積極的になれません。

ぼんやり過ごし、受け身でいた方が楽かもしれません。

でも、一日中テレビを見ていたり、誰とも話さないと、あっと言う間に頭が衰えてしまいます。

なるべく体を動かし、何でもチャレンジしてみるのです。

体で覚えたことは忘れません。あなたも心掛けてみませんか？

足だけでなく、手も使う

家具でも服でも、メンテナンスが長持ちのコツ。それは人間の体も同じです。

散歩で足を使うだけでなく、もっと手も使ってみる。

それが、脳の運動にもつながります。


綾さんは医師であり、栄養学の研究者でもありました。

ですから、健康について、常に深く考え、さまざまな思いを巡らせていました。

27歳の時、綾さんは東京帝国大学（現在の東京大学）医学部の島薗内科に入局しました。

その頃は世の中にある病気をすべて治したいと考えていたのです。

ですが、担当教授の教えもあり、予防医学の道を選びます。

現在では栄養と健康が密接な関係にある、と誰もが知っています。

でも、綾さんの時代においては、ほとんどの医師がそれに気づいていませんでした。

62歳の年、昭和36年に女子栄養大学を創設しますが、生活に運動を取り入れると健康に繋《つな》がると考え、実践を試みました。

綾さんにとっての運動は散歩でした。

毎朝数キロを速足で歩くだけでも体にいいのは、考えるまでもないでしょう。

更に年齢を重ねると、新たな気づきを得ます。


散歩で足は使うが、もっと手を使うのがよい。今はまだ針のみぞが見えるので繕い物をするが、もっと洗濯やアイロンかけをしたほうがよいと思う。

「食事日記」より

散歩は全身運動で、毎日続ければ体調を知るためのバロメーターになります。

でも、それだけでは足りません。

足だけではなく、手も使う。

それは脳の運動にもなります。

難しいことにチャレンジするのではなく、まず身の回りのことにトライしてみませんか？

綾さんの頃とは時代が違いますから、繕い物でなくても構いません。

家事全般を機械に頼るのではなく、手でやってみるのもいいでしょう。

食器を食洗機に入れて終わりにするのではなく、時には自分の手で洗い、拭いてみるのです。

手間がかかり、面倒だと思う方もいるでしょう。

ですから、毎日でなくても、３日に一度、週に一度でもいいと思います。

気が向いた時には、手を使ってみましょう。

家具を長持ちさせようとすれば手入れが必要なように、精神と身体をいかに老いさせないようにするかを考える必要があります。年をとったら衰えるのは当たり前などといっていては楽しい老後にはなりません。

『余白の一行』より

これも綾さんの言葉です。

家具でも、服でも、メンテナンスこそが長持ちのコツで、それは人間の体も同じです。

一度手入れをすれば、1年放っておいてもいい、とはなりません。

誰にとっても、日々の継続的なメンテナンスが必要です。

散歩、体操などで体を動かしてみましょう。

そして、さまざまな形で手を使いましょう。

どちらも、脳に刺激を与えます。

歳を取ったら衰えるのは当たり前。
そんなふうに考える人も多いと思いますが、時には抗ってみませんか？
それもまた、脳を活性化させます。
健康とは、体だけではありません。
頭も含めての健康です。
それこそが、楽しい老後を迎えるために大切なことなのです。

人生を効率だけで計るのはつまらない

習慣通りに生きるのは、確かに便利で効率的。
でも、人生を効率だけで計るのはつまらない。
無駄なこと、無意味なことが、あなたの人生を豊かにします。

昨日は、山手線でぐるりと一回りしてきました。小さな知恵で、大きな楽しみが生まれます。

『余白の一行』より

あなたは日々の暮らしを習慣にしていませんか？

強い好奇心があれば、何げない日常も新しい発見の連続となります。

多くの人が、移動の際は電車を使います。

山手線に乗ることもあるでしょう。

時には、いつもと違う駅で降りてみませんか？

時間に余裕があれば、ひと回り乗ってみてはどうでしょう？

知らない駅、知らない街、知らない風景。

ひと駅違うだけでも、そこには未知の光景が広がっています。

人間は習慣の生き物です。効率を考えれば、目的の駅で降りた方が便利です。

でも、人生を効率で計るのは、つまらなくありませんか？

無駄なこと、無意味なことが、あなたの人生を豊かにします。

山手線には30の駅があります。一日の平均乗降者数は８００万人以上と言われています。

ですが、すべての駅で乗り降りしたことがある人はどれだけいるでしょうか。

乗り換えに便利なだけで、駅の外に出ていない人も多いと思います。

それは面倒なことかもしれません。

用事もないのに、わざわざ降りる必要はない、そう考える人もいるでしょう。

いつも通りの習慣に沿っていた方が楽なのは確かですが、それでは面白くない、と綾さんは考えます。時には山手線に乗り、ぐるりと一周することもありました。

駅で降りなくてもいいのです。

窓越しに外を眺めているだけで、いつもと違う何かがあります。

小さな知恵でも、大きな楽しみが生まれるのです。

綾さんの心の底には、子供のような強い好奇心がありました。

ほとんどの駅には2つ以上の改札があります。

南口、北口、東口、西口、他にもあるかもしれません。

南口だけではなく、他の改札から外に出れば、その違いに気づくでしょう。

朝の山手線、昼の山手線、夜の山手線。
それぞれ乗客の雰囲気も異なるはずです。
山手線を一周するだけで、あなたはさまざまな驚きと出会うでしょう。
いつも使う駅のひとつ先の駅で降りてみる。
それだけで、確実に何かが変わります。
ただ習慣に従うのではなく、時には小さな冒険をしてはどうですか?
知らない街を歩く。
知らない風景を見る。
たったそれだけで、心と体が元気になりますよ。

よく「お幾つですか」と聞かれます。(中略)答えたあとで今度は「本当にそんなに長く生きてきたかしら」と思います。先日も、知人に「やっと97歳になりました」といって大笑いしました。

『余白の一行』より

日本が長寿国になったのは第二次世界大戦が終わった昭和20年以降と言っていいでしょう。

戦争による死がなくなったこと、そして医学の進歩など、さまざまな理由があります。

統計によると、明治後半の平均寿命は男女ともに42歳から44歳前後でした。

綾さんが生まれたのは明治33年ですが、厚生労働省は「明治32年から36年に生まれた女性の平均寿命」を44・85歳としています。

統計は数字だけを見てもわからないもので、44・85歳になるのは新生児と幼児の死亡が現代と比較にならないほど多かったためもありますが、50歳を越えれば長生きとされた時代でした。

綾さんは医師ですから、一般女性と比べると、病気や怪我について詳しく、30歳になった頃には予防医学の研究を始めていました。

そのため、病気と健康についての知識は豊富でした。

戦争中でもバランスの取れた食事を心掛け、体調に気を遣っていたのです。

「だから長生きできた」のも、間違いではありませんが、それは結果論に過ぎません。

長生きをしようと綾さんは考えていませんでした（長生きしたい、と願う気持ちはあったと思いますが）。

一日一日を精一杯生きる。

その積み重ねが98歳に及んだのです。

病気になったと嘆かないで

いくつになっても人は病気になります。
でも、必要以上に恐れることはないのです。心を健康に保つのは、
体と同じかそれ以上に大切なこと。自分を観察する目が、心の平穏を保ちます。

平成9年4月2日、98歳で亡くなる3日前まで、綾さんは毎日3食の献立をノートにメモし、それぞれのエネルギーを計算していました。

綾さんは医師、そして科学者ですから、メモを取るのは職業上の習慣でした。

綾さんが食事のメモをつけるようになったのは、昭和10年頃ですから、約60年間続

けていたことになります。
これだけ長く続いたのは、性格によるところが大きかったのだと思います。
継続は力なり、と言います。
綾さんはそれをよく知っていました。
食事のメモを取り続けたのは、綾さんにとってひとつの実験だったのです。
実験は正確でなければなりません。
一度や二度の実験で答えは出ない、と綾さんは経験を通じ理解していました。
ですから、実験の期間は長くなります。
おそらくですが、綾さんには実験という意識すらなかったのかもしれません。
それは習慣であり、楽しみだったのでしょう。
楽しいから、続けた。
何にしても、同じかもしれませんね。

左足の痛みは去りぬ。素手にて歩くことも出来る。この膝の故障と94歳との関係がどうつづくかを見たい。

「食事日記」より

94歳の時、綾さんは関節痛で膝の曲げ伸ばしも満足にできず、治療に取り組んでいました。

苦しい時期でしたが、強烈な痛みも綾さんの好奇心を抑えることはできませんでした。

関節痛と年齢に関係はあるのか。

94歳という高齢でも治療は可能なのか。

どうすれば予防できたのか。

客観的に自分の症状を観察し、自ら被験者になったのです。

綾さんの本質は科学者だったのでしょう。

正確な結果を出すためなら、どんな苦労も厭《いと》わなかったのです。

何歳であっても、人は病気になり得ます。

でも、綾さんは諦めません。

どうすれば治るか、あるいは症状を軽くできるのか、メモを取りながら考え続けたのです。

もちろん、綾さんも人間です。

心が弱くなったこともあったでしょう。


病気とも怪我とも遠い所にいたものが、突然身辺に迫ってくると、うろたえて直ぐには適応できないものだということを、つくづく知りました。

「食事日記」より

そんな弱気なことを、書き連ねた日もありました。それでも、科学的な、あるいは合理的な視点を持ち、毎日の治療、そしてリハビリに取り組んだのです。

朝、昼、晩、一回ずつでいいから、膝の曲げ伸ばしをしてみる(※)。

痛ければ止めるし、痛くなかったら2回にしてみる。

試行錯誤を繰り返し、自分の体と相談しながらチャレンジしていると、杖《つえ》を使って歩けるまでに回復したのです。

無理や無茶をしたわけではありません。

何もしなければ、そのままの状態が続くか、あるいは悪化するだけです。

それがわかっていたから、綾さんは日々の努力を続けたのです。

誰でも病気になり得ますが、諦めなければ道が開けることもあります。

病気になったと悲嘆せず、楽観的に考えてはどうでしょう?

そうすれば、必要以上に病気を恐れ、怯《おび》えることはなくなります。

それこそが心の健康を養うでしょう。

心を健康に保つのは、体と同じか、それ以上に大切なことなのです。

※一般のかたは、医師の指導のもとに行なってください。

Chapter. 3

老いはあなたを自由にする

春のように柔らかく、夏のようにたくましく

自分に厳しく、人に優しく——。
そんな人生が送れたら、
心はいつも平安だと思うのです。

年齢を重ねていくにつれ、人は平安を望むようになります。
感情を乱すことなく、自分と他人を比べなくなれば、暮らしは落ち着きます。
それを綾さんは人生になぞらえ、次のような言葉を遺しています。

春のように柔らかく、夏のようにたくましく、秋のようにさわやかに、冬のように厳しく、そして静かに。

『余白の一行』より

多くの人が人生を四季にたとえています。

ここで綾さんが語っているのは、生きていく上での心構えですが、人生と重ね合うものがあるのも本当です。

若者は春のように柔軟な感受性を持っています。

青年になれば、夏のようにたくましくなるでしょう。

年齢と共に雑念が消え、秋のように爽やかになります。

老いは冬のように厳しいものですが、静かに過ごせば平安に繫《つな》がるでしょう。

綾さんにはどこか人生を達観したところがありました。

来る者は拒まず、去る者は追わず。

それは綾さんにとって愉快な時を過ごす秘訣でもありました。

人生は、自分に厳しく、人にやさしく対応していけたら、いつも心は平安だと思うのです。

『余白の一行』より

実際の綾さんの人生は平安どころか、激動の生涯と言っても過言ではないのですが、心積もりとしては穏やかな暮らしを望んでいたのでしょう。

自分に厳しく、他人に優しく。

言うのはたやすいですが、実際には難しいことです。

でも、無用な争いを避けるのは誰にでもできます。

現代は自己主張の時代です。

そのために傷つく人も多いのではないでしょうか。

自分に優しく、他人に厳しい、そんな人が増えている印象があります。

それでは平安な暮らしなど、望むべくもありません。

あなたにとって何が一番大事か、考えてみてもいいかもしれません。

言わなければよかった

人は、自分の物差しで人を計り、非難します。
ところが、いざ自分のこととなるとまったく気づかない。
言葉を口にする前に、一度立ち止まって考えてみませんか。

何げない言葉が他人を傷つけてしまう。
生きていれば、そんなこともあるでしょう。
それは綾さんも同じでした。
どちらかと言えば、綾さんは「ひと言多い」性格だったかもしれません。

綾さんも自覚していたのか、こんな言葉を書いています。

私も気をつけているつもりですが〝言わなければよかった〟〝しなければよかった〟と思うことがあります。そして相手の心の傷の大きさに気づき、慚愧《ざんき》の念にかられるのです。

『余白の一行』より

若い時から、綾さんは感受性の豊かな人でした。

誰かの言葉に傷つき、涙を拭ったこともあったでしょう。

そんな綾さんでも、自分の言葉や行動で誰かを傷つけてしまったことがあったのです。

後悔したでしょう。

反省もしたでしょう。

何げなく、悪気がないからこそ、余計に誰かを傷つけてしまう。

あなたにも覚えがあるのではないでしょうか。
それは人として間違っている、と綾さんは考えます。
なぜ、そんなことを言ってしまうのか。

人は、みんな自分の物差しで人を計り、（中略）批判や非難をします。ところが、いざ自分のこととなると、まったく気がつかなかったり、評価を甘く見積もったりします。また、非難されると言い訳をします。

『余白の一行』より

これも綾さんの言葉です。
年齢を重ねていくと、人は習慣に囚《とら》われがちになります。
そして、人は自分を正当化します。
自分の過ちを認めるのも、難しくなります。
でも、綾さんはそれを仕方ないとは思いませんでした。

誰かを傷つけた刃は、いつか自分を傷つける。

そういった自戒の念が籠もった言葉です。

自分に甘えていないか。

自分に言い訳をしていないか。

もちろん、時には自分を甘やかすことも必要でしょう。

いつも気を張っていたら、疲れてしまいます。

ですが、甘やかし過ぎはよくありません。

あなたの物差しはあなた自身には当てはまりますが、他人に通用するとは限らないのです。

それは知っておくべきでしょう。

誰かを傷つければ、あなたもまた傷つきます。

それでは心穏やかに暮らせません。

家族、友人、誰であれ、あなたには人間関係があります。

無用な言葉によって、あなたが孤立してしまうかもしれないのです。
言葉を口にする前に、一度立ち止まって考える。
そんな配慮があってもいいかもしれません。

人は必ず老いるもの

人はいずれ必ず死を迎えます。
そのことを心の片隅に置き、今のうちから
心構えをしておく必要があるでしょう。

誰にとっても死は恐ろしく、怖いものです。
なぜなら、死について何も知らないからです。
死を経験した人はいないのですから、当然かもしれません。
ですが、人はいずれ必ず死を迎えます。

その時のために、心構えをしておく必要があるのではないでしょうか。

私は父と同じように祈りのうちに死を迎えたいと思っていますが、それは願いでしかありません。しかし、後に続く人たちが、私の生き方や老いの姿、死にゆく瞬間を見つめて学んでもらえればよいと思っています。

『余白の一行』より

綾さんは医師であり、科学者でした。

綾さんが遺した言葉を追っていくと、自分について客観的に語ることが多いのがわかります。それは科学者としての精神だったのかもしれません。

明確にはしていませんが、晩年の綾さんのテーマのひとつは「老い」だったのではないでしょうか。

人は必ず老いる。

どうすればそれを克服できるのか。
克服が難しければ、遅らせることはできないか。
あるいは、老いによる体の負担を軽減できないだろうか。
そんなテーマを、自分自身を実験材料として研究し続けていた気配があります。
「私の生き方や老いの姿、死にゆく瞬間を見つめて学んで」ほしい。
綾さんはそう訴えています。
自分の老いには意味がある。
あるいは、自分の老いを意味あるものにしたい。
だから、衰えつつある自分をよく見て、学んでほしい。
覚悟を持った言葉です。
その境地に達するのは、難しいかもしれません。
でも、心の片隅に置いておくことは誰にでもできるでしょう。
あなた自身の人生を意味あるものにしませんか？

どこかで誰かが、あなたのことを祈ってくれている

人間は孤独なもの。でも、きっと、どこかで誰かが
あなたのことを祈ってくれているのを忘れないで。

人生は楽しいことばかりではありません。
悲しいこと、辛いこと、苦しいこと、嫌なこと。
さまざまな苦労が人生にはあるものです。
周りからは「恵まれている」「成功した」「何もかもうまくいっている」ように見え

ても、実はそれぞれが苦労を抱えているのです。

人にはそれぞれ重荷が与えられています。それに堪えながら一日一日を奉仕してゆくことが人生でございましょう。

『余白の一行』より

人の一生は重荷を負うて遠き道を行くがごとし、と名言を遺したのは徳川家康ですが、綾さんも同じ思いを胸に抱いていたのでしょう。

綾さんの人生は苦難の連続でした。

14歳の時、母親の死をきっかけに医師を志しましたが、明治期の女性が医師になるのは、今では考えられないほど苛酷で、あり得ないほど狭き門だったのです。

その難関を突破して綾さんは医師となり、研究者への道を歩み始めますが、待っていたのは戦争でした。

欧米の最新の研究が日本に届かない時期が長く続いたのです。

そして、戦争が終わるひと月前、綾さんは夫を亡くしました。

神様がわざと前途を閉ざしている、と思ったこともあったのではないでしょうか。

それでも、綾さんは前に進み続けました。

なぜ、そんなことができたのでしょう?

それは栄養学を通じ、日本中の、そして世界中の人々を健康にするという奉仕の精神を持っていたからです。

誰であれ、人は自分のためだけを考えると、何もしなくなるものです。

年齢を重ねればなおさらで、体が衰え、好奇心を失い、積極的ではなくなってしまいます。

それは自分だけのことを考え、奉仕の精神を忘れるからではないでしょうか?

自分や身の回りのことしか頭になくなると、視野が狭くなります。

でも、「自分よりも他人」と考えれば、視野は広がり、いろいろなものが見えるようになります。

肉体の老いは誰にも避けられません。
ですが、心掛けひとつで、精神の若々しさを保つことはできるのです。
他者への奉仕を頭の隅に置いておくのは、老化を防ぐ秘訣かもしれません。
そうは言っても、簡単ではありません。
ある程度の年齢になれば、「他人より自分」と考えるのは自然なことでしょう。
ですから、他者への奉仕の心を持つ人はなかなか理解されません。
偽善者ではないか、と言われることもあると思います。
奉仕や親切のつもりでも、受け入れられないこともあるでしょう。
綾さんはそんな人にエールを送っています。

人間は孤独なものですが、だれかが自分のために祈ってくれていることを忘れないでほしいと思います。

『余白の一行』より

奉仕の心を持って他人と接しても、わかってもらえない寂しさは、誰にとっても辛いものです。

そこで諦めないでほしい、と綾さんは願っていたのだと思います。

今、あなたは一人かもしれない。

でも、どこかにあなたを理解し、あなたのために祈っている者が必ずいる。

それを忘れないでほしい、と綾さんは考えていたのではないでしょうか。

枯れかけていたつつじの花

自分のためではなく、誰のためでもない行為。

何歳になっても、すらりとそんなことができる人でありたい。


奉仕の精神とは、難しいものではありません。

自分の人生をすべて他者のために使う、と捉えられがちですが、そこまで厳しく考えなくてもいいのです。

あなたの人生はあなたのためにあります。

あなたには自分自身の人生を楽しむ権利があるのです。

まず、自分のために自分の時間を使い、余ったら他者のために使う。

そう考えればいいのではないでしょうか。

気づいたことがあれば、手間を惜しまずにやってみるのも、奉仕の精神と言えるでしょう。

少し長くなりますが、綾さんの言葉を引用します。


朝の散歩の時に、公園のつつじが雨なき熱暑のためか枯れはじめていた。私はそれをただ見過ごしていたのである。ところが、今日はいつもゴルフをしている人が家から水を持ってきて、つつじにかけ、鋏《はさみ》を持って枯れた枝を切っていたのです。

私はびっくりして、自分の無関心に気づき、お礼をいって別れました。

（中略）私は93歳になっても、こんなことに気づかないとは！（中略）このよ

うな片寄った気持ちで長年学生を見てきたことの愚かさに今日改めて気づいたのである。

「食事日記」より

この時、綾さんは93歳でした。
おそらく、運動も兼ねて、毎朝の散歩を楽しんでいたのでしょう。
家の近くに咲いているつつじの花を、綾さんは毎日見ていました。
ところが、暑さのためにつつじが枯れていることに気づかなかったのです。
水をやる、というところまで考えが及ばなかったのかもしれません。
「わたしがしなくても、誰かがやるだろう」
そう思ったとしても、年齢を考えれば、無理のない話でしょう。
でも、花に水をやるのは、手間こそかかりますが、難しいことではありません。
93歳の綾さんにもできることです。
この時は近所の人が枯れかけていたつつじに気づき、水を与え、枯れた枝を切っていました。

それこそが奉仕の精神です。

水をやった人は、誰かのため、と考えていなかったでしょう。

ただ、枯れてしまってはかわいそうだ、と思ったのではないでしょうか。

自分のためではなく、誰のためでもない行為。

何歳になっても、すらりとそんなことができる人でありたい、と綾さんは考えます。

そして、つつじが枯れかけていたことに気づかなかった自分に呆れ、己を顧みて反省しています。

それもまた、奉仕の精神と言えるのではないでしょうか。

小さなことでも、気づくようにしよう。

できることがあるなら、すぐにしよう。

そういう心を持つ人が周囲にいれば、誰でも感化されます。

良い影響を受け、自分もそうありたいと願い、行動する人が増えるかもしれません。

何もしなくても、考えただけでも、周囲の人はそれに気づきます。結果として、それが奉仕の精神に繋《つな》がるのではないでしょうか。年齢に関係なく、誰にでもできることです、と綾さんは語っています。

人生はどうなるかわからないから、面白い

結果より過程の楽しさを追い続ける。
成功しても、失敗しても、挑戦した事実は残ります。
それこそが生きた証しなのです。

若い時にできたことが、いつの間にかできなくなってしまう。
そんな人も多いでしょう。
肉体は老いるものです。
どれだけ体に気を遣い、鍛練し、節制しても、若い時と同じにはなりません。

それは人としての定めなのです。

ただ、ある程度老いのスピードを遅らせることは可能でしょう。


オルガンの練習。（中略）ハッピーバースデートゥーユーの低音をつける練習をする。右手と左手の調子を合わせるのは器用体操と同じだ。なかなかできないが面白い。

「食事日記」より

歌を歌ったり、合唱の練習をしたり、そんなことはあったかもしれませんが、小さい頃、綾さんは音楽を習っていませんでした。

明治期の子供のほとんどがそうだったでしょう。

綾さんが書いた本を読んでいると、音楽に関する記述はほとんどありません。

ですから、老年期になって始めたと考えていいと思います。

手を動かすことは健康な暮らしに繋《つな》がる、と綾さんは考えていましたから、ひとつの方法として試してみたのかもしれません。

老年期に始めたオルガンが上手だったはずもありませんが、うまいへたはどうでもいい、と綾さんは考えていたのでしょう。

興味を持ったら、すぐにやってみる。

うまくいかなくても、だからこそ楽しいと考える。

何でもうまくいったら、かえって面白くない。

そういう心の持ち方が、老いを防ぐのです。

オルガンを弾きこなすのは難しく、綾さんも苦労したでしょう。

でも、昨日より今日、今日よりは明日と、続けていれば少しずつでもうまくなったはずです。まったくうまくならなくても、なぜうまくできないのか、それを考えることを楽しめます。

人生において、綾さんは結果を求めない人でした。

どうなるかわからないから、面白い。

成功しても、失敗しても、挑戦した事実は残ります。
それこそが生きた証しなのです。
綾さんは結果より過程の楽しさを追い続ける人でした。
興味の対象は数限りなくありました。
気まぐれで移り気だと言われても、いいではありませんか。
好き嫌いは関係なく、能動的になりましょう。
何に対しても積極的に取り組めば、心の健康を保ち続けられます。
もうこんな歳だから、と恥じることはありません。諦める必要もないのです。
あらゆるものを試せば、必ずひとつはあなたの心にはまるものが見つかります。
それが一生の楽しみになるかもしれません。
何かを始めるのに、遅いということはないのです。
できなくて当たり前、できたらラッキー。
それぐらいの気持ちで、新しいことにチャレンジしてみませんか？

老いはあなたを自由にする

歳を取ると、体の劣化は避けられません。
でも、慌てなくてもいいのです。老年になったからこそ、わかることがある。
老いがあなたを自由にし、心を安らかにするのです。

年齢を重ねると、肌は瑞々しさを失います。
人間の体も経年劣化するのです。
何十年も使っていれば、故障もするでしょう。
ある意味では機械と同じですから、さまざまな不具合が起きるのは当然です。

若い時には美しさを誇っていても、老いには勝てない。

そう考える人も多いのではないでしょうか。

やむを得ない、と諦めるのは簡単です。

でも、それではつまらないと思いませんか？


栄養と運動は体型と機能を保って心身の健康を作る。虚飾と怠惰を排して勇気と忍耐を養って心を洗う。激しい鍛練は生きるしるしで張り合いがある。美と健康を求めて今日も生きようと思う。

「食事日記」より

綾さんはそんな風に考えていました。

ここでポイントになるのは、健康という土台があるから美しさが成立する、ということです。

どんな美人でも、健康を失えば容色が衰えます。

どれほど美しい人でも、顔色が悪かったら、あなたはどう思いますか？
9頭身、10頭身、スタイル抜群であっても、痩せ過ぎていたら？
周りの人たちはそれを「不健康」と捉えます。
真の美しさを求めるなら、健康の中にそれはあるのです。
歳を取れば取るほど、健康が重要になってくるのは、言うまでもないでしょう。
必要十分な栄養を摂取し、適度な運動を心掛ければ、それだけで健康が手に入ります。
難しいことをしなくてもいいのです。
もちろん、年齢を重ねれば、どうしても肉体は衰えます。
それは自然の摂理で、抗《あらが》いようがありません。
それでも、美しさを保つ秘訣はあります。

老年になれば肉体は衰え両眼は弱っても、心眼を開くようにつとめることが必要である。

「食事日記」より

歳を取ると、体の劣化は避けられません。
最も早くそれが現れるのは目や耳でしょう。
目が見えにくくなった、かすむようになった。
人の声やテレビの音が聞こえにくくなった。
そんな経験は誰にでもあるでしょう。
でも、慌てなくてもいいのです。
人間には心があり、努力していれば心の窓が開きます。
宗教的な意味ではなく、老年になったからこそ、わかることがあるのです。
「老い」は怖くありません。
老いとはあなたを自由にし、心を安らかにするための装置なのです。

Chapter. 4

濃く学んで、愉快に働く

——若い人たちに

子供の心を忘れずに

あなたの中に子供の心はありますか？
子供の心を忘れずに、いつまでも学んでください。
それこそが愉快な人生を歩むコツです。

綾さんは医師であり、栄養学の研究者でしたが、後半生においては教育に力を注ぎました。

「学問を研究室に閉じ込めてはならない」

これは綾さんの口癖で、学問を深めることは重要だけれど、それを世の中のために使うことはもっと大事だと考えていたのです。

今、人生に悩み、迷っている方も多いでしょう。

綾さんの言葉があなたのヒントになり、道を照らしてくれるかもしれません。

綾さんが教育、特に女性の高等教育について熱心だったのは、明治生まれの女性だったことと関係があります。

綾さんが生まれたのは明治32年です。

この時代に生まれた女性に、高等教育を受ける環境は整っていませんでした。

言うまでもありませんが、女性であれ誰であれ、教育を受ける権利があります。

ですが、戦後までその受け皿はほぼなかったのです。

そういう時代に生きた綾さんは、学ぶために悪戦苦闘を続けました。


生き甲斐がない、毎日がおもしろくないというなら、ぬるま湯につかった自分をまず変えることではないでしょうか。

『余白の一行』より

いきなり厳しい言葉ですが、綾さんはそう考えていました。

人間には同じように生・老・病・死が与えられています。同じように与えられているのが一日24時間です。それをいかに有効に使うかによって、人生が愉快になるか、後悔することになるかが決まるのです。

『余白の一行』より

人生を愉快に過ごしたい。それは綾さんの一生のテーマでした。

毎日を楽しく、面白く、愉快に暮らすには、限られた時間を有効に使わなければなりません。

毎日がつまらない、と泣き言を言っている暇など、綾さんにはなかったのです。

ぬるま湯どころか、自ら進んで熱湯や冷水を浴びるような一生でした。

それは人生を愉快に過ごすためだったのです。

あえて、厳しい道を進む。そうやって、刺激に満ちた生き方を選んだのです。

誰にとっても、時間は有限です。若い時には無限に思え、だからこそ退屈に思えるかもしれませんが、実は限りがあるのです。

そう考えると、時間を無駄に使えなくなります。

綾さんはこうも言っています。


運命とは受動的に受け入れるものではなく、読んで字のごとく、自分の命を選ぶ・動かすことです。だとしたら、自分の命の主人公は自分ですから、自分で積極的に切り拓《ひら》いていくほかはありません。

『余白の一行』より

若者であれ、老年であれ、年齢に関係なく常に積極的であるべきだ、と綾さんは説いています。

おそらく、それは自分の体験に裏打ちされた考えだったのでしょう。

常に楽しいもの、面白いものを探すのが、積極的な生き方です。

ただ、受け取るだけではつまりません。
綾さんの言葉を紐解くと、キーワードは好奇心です。
正しい好奇心を養うには、よく学ぶことです。
何でも構いません。
あなたが好きなことを、一生懸命学ぶのです。
学びに限界はありません。
あなたの興味の対象は、次々に枝分かれしていくでしょう。
それを辿《たど》っていけば、また次の興味の対象が見つかります。
「学ぶ」というと、勉強か、とため息をつく人もいるかもしれません。
でも「学び」とは「遊び」なのです。
あなたの中に子供の心はありますか?
子供の心を忘れず、いつまでも学んでください。
それこそが愉快な人生を歩むコツなのです。

人間的に魅力のある友を

人生はしょせん一人旅。他人に甘えて生きていけるものではありません。
でも、心を許し合える友人は人生の宝物。
あなたの人生を豊かにしてくれます。

あなたには友達がいるでしょう。
誰でも友達の大切さを知っています。
人間は社会的な生き物ですから、一人で生きていくことはできません。
友達なんかいらない、という人もいるかもしれませんが、それはかえって難しい生き方です。
誰かと友達になる時、気が合うから、という理由が大きいでしょう。
わざわざ、気の合わない友達を作る必要はない。
そう思っている人も、多いのではないでしょうか。
でも、ちょっと待ってください。
綾さんはこんなことを言っています。

友達になるとき、自分と同じ性格の人を選ぶ場合と、反対のタイプを好きになる場合があります。いずれにしても大切なのは人間的に魅力があることです。そばにいると自然に感化され、人生が豊かになるからです。

『余白の一行』より

気が合わない、自分とは性格が違う。

そんな人を、あなたは敬遠していませんか？
それは少しもったいないのでは、と綾さんは語っています。
気が合う、合わないは友達の重要なポイントです。
でも、それは絶対条件ではありません。
気が合うに越したことはありませんが、合わなくても魅力的な人はいるでしょう。
そうであるなら、自ら進んで友達になってはどうでしょうか。
物事には多面性があります。
ですが、気の合う仲間とだけ一緒にいると、どうしても一面しか見えません。
別の視点があれば、それが人生を豊かにします。
こういう考え方もあるのか、と目から鱗《うろこ》が落ちることもあるでしょう。
何であれ、偏った見方はよくありません。
それは偏見と紙一重です。
あなたが正しいこともあれば、間違っていることもあるはずです。

それを気づかせてくれるのは、違う視点を持つ友人ではないでしょうか。

心を許しあえる友達をつくり、協調して進むよう努力してください。しかし、それは付和雷同することではなく、大勢の中で自分の孤独を守ってやるべきことをやり通すことも同時に覚えてください。

『余白の一行』より

心を許し合える友達を作るのは大事なことです。
友人はあなたの人生の宝物です。
自分の意志を通すだけではなく、互いに協調すれば、更に人生が楽しくなるでしょう。
でも、心を許し合える友達であっても、譲れないことはあります。
そんな時、あなたならどうしますか?
時には友達の意見に反対し、場合によっては黙って自分の孤独を守らなければならないこともあるでしょう。
親友であっても、そこは他人です。
他人の意見に流された方が、楽ではあります。
反対するには、エネルギーがいります。
それでも、譲れない一線はあるでしょう。
その時は、自分の意見をはっきり言うべきです。
そのために、あなたは孤立するかもしれません。
ですが、自分自身を信じていれば、怖いものなどないのです。
言うまでもなく、常にあなたが正しいわけではありません。
ですから、友人の意見を聞きましょう。
もっともだと思えば、自分の過ちを認めましょう。
でも、どうしても納得できない時は、孤立を恐れず、自分を信じるのです。
そうやってこそ、真の親友ができます。

最近は「論破」という言葉が流行っていますが、友達を論破し、マウントを取ることを勧めているのではありません。

安易に自分を曲げてはならない、という意味です。

心を許し合える本当の友人なら、きっとあなたをわかってくれます。

そういう友人がたくさんいれば、希望の多い人生を歩めます。

愉快な人生のために、友人は必要です。

では、どうすれば真の友人ができるのでしょう?

その問いに、綾さんはこう答えています。


人生は所詮ひとり旅。他人に甘えて生きて行けるものではありません。

自分を見失わないようにし、孤独に耐えて自分の道を拓《ひら》いて行くことです。

それが魅力となって、親友ができるのです。

『余白の一行』より

結局のところ、人は一人きりなのだ、と綾さんは心のどこかで思っていたようです。

残念ながら、それは真実なのでしょう。

生まれてくる時は一人、死ぬ時も一人、それが人間です。

誰でも一人旅は寂しいものです。

友人とは、人生という旅の同伴者なのでしょう。

あなたが誰かを魅力的だと思うように、誰かがあなたに魅力があると思い、それぞれを友人として認めます。

親友とは、その果てにあるものでしょう。

友人を多く作るには、あなたが魅力的でなければなりません。

持って生まれた容姿やトークスキルなど、先天的な要素もあるでしょう。

ですが、さまざまな学びによって得られる後天的な要素もあります。

どちらも備わっているのが理想ですが、そこは個人差があるかもしれません。

それでも、自分自身を磨き続ければ、珠《たま》は光を放ちます。

何歳になっても、それは変わりません。
友人を作るには、まず自分自身を磨くこと。
それはあなたの努力によります。
若くても、歳を取っても、友人はできるのです。

学んだことを、いかに活かすか？

知識だけの頭でっかちでは、社会の役に立ちません。

ただ「学ぶ」のではなく、その「学び」をいかに活かすか？

そういう視点も必要でしょう。


綾さんを動かしていたのは、尽きることのない好奇心でした。

何を見ても、何を聞いても、更に詳しく知りたいと思うのは、持って生まれた性分だったのかもしれません。

氷山の一角、という言葉があります。

目に見えているのはごく一部で、実際には見えていない部分の方が圧倒的に多い、という意味です。

綾さんが興味を持ったのは、栄養学という学問の一分野でした。

研究を始めたのは昭和に入った頃ですが、当時栄養学を詳しく研究した者は世界でも稀で、綾さんとしても手探りの状態だったでしょう。

未知の分野ですから、何もかもがわからないことだらけです。

ひとつわかったと思えば、わからないことが二つ増える、そんな時代だったのです。

ですから、綾さんは次から次に、さまざまなことを学ばなければなりませんでした。

いま勉強しないで、いつ学ぶのですか。

『余白の一行』より

直球のメッセージを綾さんは発しています。

1を学ばないと、2は理解できません。

そして、わからないことは果てしなく続きます。

「できるうちに学んでおかないと、間に合わなくなりますよ」

綾さんの言葉には、そんな意味も含まれているのでしょう。

社会に出てしまうと、学びを応用して仕事をすることになります。

逆に、学びを与えられる機会は、なかなか巡ってきません。インプットがない状態でアウトプットを続けていれば、いずれはガス欠になるでしょう。

その点、学生は貪欲に学び、知識を吸収できます。このチャンスを逃して、いつ勉強するのか、と綾さんは言いたかったのだと思います。

「学び」とは読んで字の如く、学習を指しますが、知識だけの頭でっかちでは、社会の役に立ちません。

ただ「学ぶ」のではなく、その「学び」をいかにして活かすか、そういう視点も必要でしょう。

そのためには「知識」だけではなく「教養」も身につけなければなりません。

教養のためには読書が役に立つ、と綾さんは考えていました。

読書は集中力を高め、静かに自分を見つめる時間にもなります。知性や教養は、そうした偉人や人生の達人の思想を自分なりに消化吸収し、それを毎日実行して磨かれてゆくのだと思います。

『余白の一行』より

言うまでもないことですが、読書は「学び」のためだけにあるのではありません。
娯楽としての読書もあります。
そして、どちらも教養に繋《つな》がります。
時には現実から離れ、空想の世界で遊ぶことも大事でしょう。
「学問」と直接の関係はなくても、それは「学び」です。
どんな本でも構いません。
カバンの中に1冊の文庫本を忍ばせておくと、いいかもしれませんね。

人生は、置かれた環境から出発することの繰り返し

世の中の進歩に合わせ、社会に出てからも学び続ける。
自分の資質を伸ばし、余力ができたら社会に奉仕する。
それは人間としての生き甲斐にもなるでしょう。

綾さんの人生は挫折の連続でした。

医師になると志したものの、女性が学べる学校はほとんどなく、そのため遠回りせざるを得ませんでした。

綾さんは東京女子医専（現在の東京女子医大）で学んだ後、更に学問を深くするた

め、東京帝大（現在の東京大学）の研究室に入りました。

ですが、そこで待っていたのは男性研究員による陰湿ないじめでした。

すべての人々の健康のために栄養学を広めたい、と綾さんは考えていましたが、行く手を阻《はば》んだのは戦争です。

戦時中の過労により、たった一人の同志だった夫を亡くしますが、戦争が終わっても苦闘は続きました。

戦前に作った学校の校舎が空襲で焼け、何もないところから再スタートを切らなければならなかったのです。

綾さんの専門は栄養学でしたが、世界的に見ると、戦争が始まった頃からこの学問は急速に研究が進みました。

ところが、日本に最新の研究の成果は入ってきませんでした。

少なくとも4、5年、綾さんの研究は中断しています。

学問の世界は日進月歩ですから、新しい情報や知識が入ってきても、すぐには対応できません。

そのために立ち止まることもあったでしょう。

その後、綾さんは主に栄養学を学ぶ大学を創立すると決めましたが、それはどれほど困難だったか、考えるだけで胸が痛くなるほどです。

そもそもですが、大学には公的な責任があり、個人が勝手に創るわけにはいきません。

将来ある若者を預かり、その後の人生にもかかわってきますから、文部省（当時）も簡単に認可できないのです。

綾さんはまず短大から始め、長い年月を重ね、実績を積み上げていきました。

それでも、女性であるという理由だけで、文部省は「栄養学を専門に教える大学」を認めませんでした。

「女子栄養大学」の創立は、誰かに頼まれたわけではありません。

世界中の人々を健康にするための大学が必要になると理想を抱いた綾さんが、その実現のために大学創立への道を歩み続けたのです。
生涯、無私の情熱を燃やし続けた人でした。
綾さんはこんなことを言っています。

（新しい世代は）先人が積み重ねてきた社会の中で育ち、やがて新しい世紀を作るでしょう。現代の社会は急速に進歩しつつあります。この社会の歩調に合わせるために成人になってからも学ぶ気持ちを忘れないようにしましょう。自分の資質をますます伸ばし、余力を蓄えたら社会に奉仕しましょう。それは人間として生き甲斐にもなるでしょう。

「食事日記」より

おそらくですが、綾さんの予想より遥かに速いスピードで、現代の社会は進んでいます。
それでも、このメッセージに込められた熱い思いは不変です。

想像できないほどの速さで時代が変わり、文化が変わり、人々の暮らしが変わっています。

それに追いつくのは、容易ではありません。

では、どうすれば追いつけるのか。

小学校、中学、高校、大学といった教育機関だけではなく、社会に出てからも学び続けることです。

自分自身をアップデートし、チャンスがあれば学びましょう。

そして、その成果を自分のためではなく、他者のために使うことを綾さんは願っています。

何歳になっても、学びは終わりません。

だからこそ、面白いのです。

身につけた学びはあなたの武器になります。

その結果、何かを得るかもしれません。

ただし、あなたが得た何かを自分の中に溜め込んでも、いずれは一切が無になります。

その前に、あなたが得た何かを社会のために使ってみませんか？

改めて繰り返しますが、綾さんの人生は挫折の連続でした。

綾さんが生まれたのは和歌山県の小さな村です。

お金持ちだったり、社会的な階級が高かったわけではありません。

どこにでもいる、平凡な少女でした。

最近は「親ガチャ」という言葉もありますが、その観点から言えば、特に不幸なわけでもなく、特に恵まれていたわけでもなかった、ということになるでしょうか。

女性が学ぶのが難しい時代でしたが、綾さんは医師になるという夢を持ち、日々の努力を繰り返していたのです。

綾さんはこんなことも言っています。

人生は置かれた環境から全力をつくして出発することの繰り返しです。

『余白の一行』より

まだ女性の権利が認められていない時代に、綾さんは生まれました。

パワハラ、セクハラ、あらゆるハラスメントの概念すらなかった時代です。女性蔑視の念は強く、女性が高等教育を受けることも難しく、そもそも女性に教育は必要ない、と考えられていたのです。

綾さんだけではなく、学問好きな女性は「変人」として疎《うと》まれ、あるいは「穀潰《ごくつぶ》し」と罵《ののし》られることもありました。

そういう時代に、学びたい者が自分の望む学問を自由に学べるために、静かな戦いを続けた女性がいたことを、忘れないでください。

若い日々は濃く学び、そのあとは友と愉快に働きなさい

若い時から働きを惜しむようでは、たいした仕事はできません。
働いたエネルギーはいずれわが身に返り、
その経験が将来のこやしになります。

何事にも全力で取り組むのが綾さんのモットーでした。
厳しい人生を選択し続けた女性だったのです。
ですから、時に耳に痛いことを言いました。

若いころから働きを惜しむようでは将来たいした仕事はできません。働いたエネルギーは必ずわが身に返り、その経験が将来のこやしになります。

『余白の一行』より

きつい言葉かもしれませんが、自分のためと思えば、素直に受け取ることができるのではないでしょうか。

働くことに、綾さんは真摯《しんし》でした。

生涯を通じ、一生懸命働き続けたのです。

もちろん、それは他人のためですが、自分のためでもあったはずです。

綾さんはこんなことも言っています。

若い日々は濃く学びなさい。そのあとは友と愉快に働きなさい。

『香川綾の歩んだ道』より

綾さんが若い人たちに「学び」を強く勧めたのは、社会に出れば学ぶ時間が少なくなると知っていたからです。

そして、働くにあたっては労を惜しんではならない、とも考えていました。

ただし、辛い仕事を無理強いしたわけではありません。

全力で仕事と向き合えば、それは必ず楽しい時間になります。

その経験は、いずれ自分のためになるでしょう。

頑張って働く者には、友人が多くなります。

頼りにされ、信頼されている者の周りに人が集まるのは自然なことです。

そうなれば、仕事も職場も楽しくなるのです。

愉快に仕事をするためには、あなたが頑張るのが一番の近道です。

もちろん、人にはそれぞれキャパシティがあります。

無理をして働いても、かえって効率が悪くなります。

体調を崩したりすることもあるでしょう

それでは元も子もありませんし、周囲に迷惑をかけてしまうかもしれません。
自分にできる仕事の内容や量を考え、できる範囲で頑張ればいい、という意味です。
そのためには、さまざまな工夫が必要となります。

仕事場から泣いて帰る前によく反省してください。習慣を飲み込まなかったのではないか、働きが不充分ではないか、新境地を開拓する余地がなかったか。

『余白の一行』より

とても厳しい言葉を、綾さんは遺しています。
これではパワハラを許容しているのではないか、と考える人もいるかもしれません。
でも、そういう意味ではないのです。
仕事はあなた一人のものではありません。
周囲との協力や信頼関係、チームワークがなければ成り立ちません。

職場には習慣があり、周りを観察すれば、どういった形かわかります。

自分には自分のやり方がある、と我を通すのではなく、周りに合わせることも考えてみませんか？

あるいは、もっと効率的なやり方はないか、と考えるのも重要です。

無駄に時間を費やしていたら、いつまで経っても仕事は終わりません。

そこには試行錯誤もあるでしょう。

さまざまな働き方を試し、こうすればもっと楽しく働ける、という方法をあなたが発見すればいいのです。

習慣を一度は飲み込み、それだけではなく、新しい形を提案する。

積極的な意見を苦々しく思う人もいるでしょうが、正しい意見なら、心ある人は必ず受け入れます。

あなたには職業を選ぶ権利と自由があります。

好きだから、あなたは今の仕事を選んだはずです。

もちろん、社会に出れば、自分の想像と違うこともあるでしょう。

でも、最初から嫌いなら、あなたはその仕事を選ばなかったはずです。

好きな仕事に前向きに取り組めば、必ず道は開けます。

楽しく愉快な人生と仕事はお互いに関連しています。

楽しく仕事をすれば、愉快に過ごせるのです。

頑張り過ぎるのはよくありません。

でも、自分で限界を決めず、ポジティブシンキングで乗り越えることを心掛けましょう。

精一杯生きていると、ハッとするような時間が訪れる

精一杯生きていると、漫然とした日々の中で、
ハッとするような時間が訪れます。
私は、その一瞬のひらめきを捕らえたい。

精一杯生きる。
綾さんの人生は、そのひと言に凝縮できるかもしれません。
毎日を、命を燃やすようにして生きるのは、とても難しいことです。
その困難に挑み続けたのが、綾さんの人生でした。

もちろん、綾さんにも気を抜いたり、休んだり、あるいは休みたいと思った日もあったでしょう。

常に緊張し、気を張っていたら、人は疲れてしまいます。

無理をしてまで頑張るのではなく、心掛ける、と言った方がいいかもしれません。


この許された瞬間を、私は精一杯に心を深めて過ごさなければならない。書くことも、することも、もちろん教えることも、研究することも、そのすじ道をたがえることなく、真っすぐに貫いていこう。

「食事日記」より

このひと言を書いた時、綾さんに残された時間は多くありませんでした。

「この許された瞬間」とはそういう意味です。

若い時は時間が無限にあると誰でも考えますが、ある程度の年齢になると、有限だと悟ります。

考え方次第ですが、残っている時間が少ないのは、悪いことばかりではありません。
限られた時間だからこそ、有効に使おうと人は考えます。
短い時間でも、達成できることはあるのです。
そのためには精一杯、真摯《しんし》に、心を尽くして何かに打ち込まなければなりません。
仕事でも、趣味でも、人間関係でも、何でもいいのです。
あなたにとって大事なことと向き合えば、それが正解です。
「もし、その心掛けを若い時からできていたら」
綾さんにも、そんな風に思う時があったのではないでしょうか。

精一杯生きることに努力していると、新しい生命が芽生え、漫然とした日々の中で、ハッとするような時間が訪れます。その一瞬のひらめきを捕らえようと忍耐しながら日課をつづけているのです。

「食事日記」より

日々、精一杯生きることを心掛け、努力を続ける。
言うは易く、行なうは難しで、簡単ではありません。
なかなか結果が出ず、思うようにいかないことも多いでしょう。
人は誰でも結果を求めます。
見返り、と言ってもいいかもしれません。
頑張っても報われず、諦めてしまう人もいるのではないでしょうか。
精一杯生きれば必ず成果が上がる、というわけではありません。
ある意味で、精一杯とは自己満足に近いのかもしれません。
努力しても虚しい、と短絡的に考える人もいるでしょう。
ですから、こう考えてみませんか？
結果ではなく、過程を楽しむ。
それこそが、精一杯生きた証しになるのではないでしょうか。

生きる喜びが湧き出るようなダイエット

ダイエットは人の真似をしても効果はありません。
自分に合った、生きる喜びが湧き出るような
ダイエットを目指してほしいのです。

誰であれ、美しくありたいと願うのは人間の自然な姿です。
そのために、時間や費用をかけて努力する人もいるでしょう。
美やスタイルを追い求めるのは、人間の性《さが》かもしれません。
スタイルを良くしたいと思い、そのためにダイエットをする人も多いのではないで

しょうか。
綾さんはダイエットについて、積極的な考えを持っていました。
ただし、いくつかのルールを守らなければなりません。
必要な栄養を取ること、というのもルールのひとつでした。
綾さんは医師として、極端な食事制限には反対の立場を取っていました。
過食、拒食、いずれも健康を害します。
無理に作った美やスタイルは、しょせん見せかけのものです。
真の意味での美しさやスタイルの良さは得られません。

流行に乗った安易なものではなく、（中略）生きる喜びが湧き出るようなダイエットを目指してほしいと思います。

『余白の一行』より

一時的なものではなく、習慣となり得るダイエットをするべきだ、と綾さんは考えていました。
極端に節制し、極端に運動をすれば、ダイエットに成功するかもしれません。
でも、いずれはリバウンドがやってきます。
それでは元の木阿弥です。
それより、毎朝の散歩を習慣にした方がいいのは誰でもわかるでしょう。
食生活についても同じです。
無茶なダイエットメニューを考え、作ったところで、長くは続きません。

ダイエットは人の真似をしても効果はありません。自分で「なにを」「どれだけ食べたらよいか」それがわからなくては。

『余白の一行』より

意味がない、と綾さんは語っています。
そこにあるのは、バランスの取れた食事という発想です。

人間は誰でも好き嫌いがあります。

肉が好き、魚が好き、野菜が好き、好みは人それぞれです。

好きなものを食べるのは人生の喜びですが、偏りがあってはならない、と綾さんは常に強調していました。

ざっくりした説明になりますが、できるだけ多くの種類の食材を使った料理を食べるべき、ということになると思います。

多品目の食材を食べれば、自然と栄養バランスが取れます。

その上で、ダイエットにトライするのが正しいのでしょう。

ただし、そこにはそれぞれの人に合った形があるはずです。

自分は何を求めているのか。

そのためには「何を」「どれだけの量」食べるのかを考えなければなりません。

闇雲に「種類が多ければいい」とはならないのです。

また、自分に甘えてもいけません。

特に、持病を抱えている人は食生活を厳しく管理しなければならないでしょう。

好物だから、と甘い物ばかり食べていたら、持病が治るはずもありません。

ある時、綾さんは糖尿病を患《わずら》っている人が、ひと切れぐらいいいだろう、と羊羹《ようかん》を食べていたところを見ました。

「あなたの生命は羊羹ひと切れの値打ちですか」

そう言って、たしなめたそうです。

持病のある人にとって、食生活は何よりも重要な問題です。

きちんと栄養指導を受け、不自由だと思っても従わなければなりません。

ですが、病気は予防できます。

そのために栄養バランスの取れた食事、そして適度な運動を心掛けましょう。

ほどほどに、いい塩梅で

貧乏な人でも高貴な人でも、栄養が偏れば病気になります。

自らをわきまえ、ほどほどにいい塩梅《あんばい》で止めておく。

それが健康を守る秘訣です。


食事は楽しく、美味しくいただくもの。

それが綾さんの考えでした。

栄養バランスやカロリーを計算し、ある程度制限があったとしても、美味しい料理は作れます。

料理が美味しければ、自然と食卓は楽しくなるでしょう。

その際、お酒を飲む人もいます。

綾さんは決してお酒に強くありませんでしたが、嫌ったり、遠ざけてはいませんでした。


うれしいとき、楽しいとき、お酒は飲みますよ。たしなむ程度に。いつも四角四面に「四群点数法」を守っているわけではありません。

『余白の一行』より

酒は百薬の長といいます。

適量を飲めば健康に良く、どんな薬よりも効果がある、という意味です。

「どんな薬よりも効果がある」はさすがに言い過ぎでしょうが、いくつかの病気に対し、一定の効果があるのは多くの医師が認めています。

ただし、あくまでも「適量であれば」で、飲み過ぎが体に良くないのは、誰でも知っているでしょう。

過度の飲酒は万病のもとですし、アルコールとはうまく付き合わないといけません。

嬉しい時、楽しい時、悲しい時、辛い時、人は酒を飲みます。

時には、羽目を外したい日もあるでしょう。

それはそれで構わない、と綾さんは考えていました。

単純に言えば、飲み過ぎは良くない、ということです。

日本語には塩梅という言葉があります。

塩梅とは、塩と梅酢から来た言葉です。

塩と梅酢のバランスで味を調え、ちょうどいい味になると「いい塩梅だ」と言われるようになったのが語源です。

その後、「程よく」を表す際、転用されました。

程よく、とはバランスが取れた状態を指します。

酒を飲むに当たって、塩梅を考えるのは大事です。

過食についても、同じことが言えるでしょう。

食べ過ぎはあらゆる病気の引き金になります。

人間は社会的な経験を通じ、それを学んできました。

ですが、酒もそうであるように、好物はつい食べ過ぎてしまうものです。

その意味で、人は自分を厳しく律する必要があります。

一度損なった健康を取り戻すには、長い時間がかかります。

それを避けるには、自制心を持たなければなりません。

これはダイエットにも通じますが、わかっていてもできないのが人間という生き物です。

綾さんは、日本を代表する指揮者の岩城宏之氏との対談で、こんなことを話しています。

自分の意志で、継続的に、しかも科学的にやらなければ、健康で美しくやせることは不可能だといってもよいでしょう。

『香川綾の歩んだ道』より

断言と言っていい強い言葉ですが、人の心の弱さを綾さんは知っていたのでしょう。飲み過ぎてはいけない、食べ過ぎてはいけない。わかっていても、やってしまうのが人間です。その弱さを否定するつもりは、綾さんにもなかったでしょう。代わりに、綾さんはこんな言葉を遺しています。

同じ人間であれば、生物学的な必要量はだれも平等ではないだろうか。貧乏人であろうと高貴なおかたであろうと、食べ過ぎれば健康を害するし、栄養が偏れば病気になります。

『香川綾の歩んだ道』より

いかにも綾さんらしい合理的な考えです。

何事も過ぎたるは及ばざるが如しで、やり過ぎることはやり足りないのと同じように良くありません。

更に言えば、やり過ぎるよりも、控えめがいい、ということです。

食事であれ、飲酒であれ、食べ過ぎや飲み過ぎは禁物です。

むしろ、やや控えめにするべきではないでしょうか。

健康でなければ、食事やお酒を楽しめません。

それでは何をしてもつまらないでしょう。

自らをわきまえ、ほどほどにいい塩梅で止めておく。

それこそが健康を守る秘訣なのです。

やってみなければわからない

前例がないからだめという人がいます。しかし、やってみなければわかりません。

みんなの顔が違うように、生き方、やり方もそれぞれです。

前例がないなら、前例を自分で作るのです。


人生を楽しむのは、なかなか難しいことです。

特に若い時には、自分のやりたいことが思うようにできないものです。

これをやりたい、あれをやりたいと思っていても、大人や周囲に止められることもあるでしょう。

大人には大人の知恵があります。

ただ、大人の知恵の基準は損得の場合が多いようです。

「これをやれば、あなたの得になる」

「そんなことをしたら、損をするよ」

そんな風に言われた人も少なくないでしょう。

そして、若者にも若者の知恵があります。

何をすれば得で、何をすれば損か、判断できます。

知恵があるのはいい事ですが、そのために自分の行動を規制したり、諦めたりしている人はいませんか？


夢や目標を持っていながら、最初からこれはできないとか、これは前例がないから駄目だろうという人がいます。しかし、やってみなければ何が問題なのかわかりません。また、やることによって新たに自分の能力が開

発されるのです。みんな顔が違うように、人の生き方、やり方が同じはずはありません。前例がないなら、前例を自分が作るように開拓するのです。

『余白の一行』より

いかにも綾さんらしい言葉です。

綾さんの人生に、前例主義はありませんでした。

言い方はともかく、常識知らず、世間知らずの一面もあったそうです。

何かをするに当たり、綾さんはまず他人の意見をよく聞きました。

その意味では、謙虚な人だったのです。

ですが、最終的な判断は自分が下す、と決めていました。

前例がないから、止めた方がいい。

常識的にあり得ない。

そんな風に、綾さんの行動に反対する人も多かったでしょう。

でも、やってみなければわかりません。
失敗しても、そこから学べることもあります。
常識から外れていても、やりたいことをやる。
それが綾さんの生き方でした。
重要なのは、自分を貫くことです。
周囲の人たちが流行に乗っても、自分は流されない。
そう思い定めることが大切です。

時流に乗ること、人にうけることばかりを考えるから、ストレスになるのです。自分でやりたいことを選択し、それを一日一日積み重ねていけば、どんなことでも人生は愉快になります。

『余白の一行』より

人はどうしても環境に左右されがちです。

こんなことをしたら、友達はどう思うだろうか。

こんなことを言ったら、笑われるのではないか。

そうやって周囲に遠慮し、最初の一歩を踏み出せないと、口を閉ざしているしかなくなります。

もちろん、他人に迷惑をかけるのは間違っています。

でも、自分の好きなことをするのに、遠慮はいりません。

堂々と胸を張り、自分が信じた道を歩めばいいのです。

前例や常識には、それなりに意味があります。

人は過去の経験から学び、それが前例となり、常識やルールが生まれます。

ですが、それは過去の常識に過ぎません。

昔はそうだったかもしれないけれど、今は違う。

そう感じたら、前例も常識も踏み越えましょう。

行動するには、勇気がいります。

人は行動しない言い訳を無限に考えつくものです。

そのために、行動できない人もいるでしょう。

それは人生をつまらなくします。

あなたがやりたいこと、面白いと思ったこと、興味を持った何かに、すべてを懸けて打ち込んでみませんか？

誰も誉《ほ》めてくれないかもしれない。

評価されないかもしれない。

何の得もしないかもしれない。

でも、続けていれば、あなたが思ってもいなかった実を結ぶかもしれません。

それこそが、あなたの人生を愉快にしてくれるでしょう。

相手が耳を傾けてくれるような意見を

「主張」とは、自分にできないことを要求したり、自分勝手なわがままを言ったりすることではありません。相手が耳を傾けてくれるような意見のことをいうのです。

1986年、それまであった「勤労婦人福祉法」が改正され、「男女雇用機会均等法」が施行されました。

この法律によって、女性が自らの職業を選択し、働く権利が保障されたのです。

しかし、施行から40年近く経った今でも、男性によるパワハラ、セクハラ、マタハラ、多くのハラスメントが続いているのも事実です。
すべての会社、すべての企業というわけではありませんが、古い体質が残っている会社もあるのです。
綾さんは女性の権利を声高に叫ぶようなタイプではありませんでしたが、折に触れ、意見を言うことがありました。

国家という膨大な組織を、大規模な家庭と見なすとき、半分の仕事は女性が負担しますから、主張もしなければなりません。

『余白の一行』より

ここでいう「主張」とは、ただ訴えるということではありません。
綾さんによれば、次のように定義されます。

たとえ主張しても自分にできないことを相手に要求したり、自分勝手なものでは信頼は得られません。主張とは相手が耳を傾けてくれるような意見のことです。

『余白の一行』より

綾さんは科学者ですから、論理を重んじました。

感情に流されて叫んだり、泣いたり喚《わめ》いたりしても、意見は通らないと知っていたのです。

そんな主張は子供のワガママと同じで、通用するはずもありません。

感情に任せて自分の意見に固執するのではなく、お互いの立場を尊重し、それぞれの意見に耳を傾ける。

そういった前向きな「主張」を綾さんは意見と呼びました。

自分の世代では変わらないこともあると思っても、意見を伝え続けました。

男性と女性の権利に上下があってはならない、と信じていたからです。

大学を創ったのも、そのためだったのかもしれません。

女性には学ぶ権利と、働く権利がある。

そのための道を切り拓く、という決意の表れが大学だったのではないでしょうか。

男性も女性もなく、誰もが当たり前の権利を当たり前に行使できる社会。

それこそが綾さんの理想だったのでしょう。

あなたの主張は、今始まったばかりです。

正しい意見を伝え続けていれば、いつか誰にとっても愉快で楽しい社会が実現するのではないでしょうか。

Chapter. 5

生きる喜びの源泉

焦らなくていい

人生は思うがままになりません。時には逆境に立つこともあるでしょうし、こんなはずではなかったと嘆くこともあるでしょう。
でも、焦らなくていいのです。

やりたいことができないといって嘆くことはありません。あせることもありません。家族に思いっきり愛をそそぎ、長生きをしているうちに、自由な時間がたっぷりできます。初心さえ忘れずにいれば、何物にもとらわれず自分のやりたいことができるようになるのです。最近、私はやっと、ありのままの自分を、ありのままに見つめている気がします。

『余白の一行』より

あれもしたい、これもしたい、と若い時は思うものです。
けれど、人生は思うがままになりません。
時には逆境に立つこともあるでしょう。
こんなはずではなかったと世を儚《はかな》んだり、嘆くことがあるかもしれません。
やりたいことをすべてやるには時間が足りない、と思う人もいるでしょう。
ですが、焦らなくてもいいのです。
健康であれば、必ずやりたいことができる時間が生まれます。

私はまだ97歳。女性は子育てや家事で大変ですから、長生きをしてやりたいことをやればよいのです。

『余白の一行』より

97歳の綾さんは、こんな言葉を書いています。

貪欲、と言ってもいい生き方です。

年老い、体が衰えても、やりたいこと、そしてできることはある、と覚えておいてください。

いつの日か、あなたには最期の日が訪れます。

それは変えようのない運命です。

でも、恐れることはありません。

なぜなら、あなたの命は終わらないからです。


（人の生命が亡くなって）人の細胞は消えてしまっても、その人がしてきた仕事や考えは次の社会にしっかりと受け継がれていきます。つまり個人の生命は社会へと流れていき、永遠に生きつづけます。これが進歩してやまない人類のライフサイクルなのです。

「食事日記」より

いずれ、人は死にます。
ですが、それですべてが終わるわけではありません。
あなたの人生の過程で起きたこと、意志、経験は次の世代に受け継がれます。
そして、社会全体にもあなたの命は続いていくのです。
わたしたちは先人の魂を受け継いで、今を生きています。
あなたの魂も同じです。
今は命が消えるように見えても、その本質は永遠に残ります。
より良い人生を生きれば、あなたの思いを受け継ぐ誰かが必ず現れるのです。

健康は一夜にしてできるものではありません

われわれは病気になると、すぐに食べてはいけないものを気にしたり、流行の健康法や薬に頼ったりします。また、権威ある抽象的な理論は立派なものだと思いがちです。でも、大切なのは毎日の積み重ね。日常的なこと、ありふれたことを大切にする精神です。

日本は長寿国と言っていいでしょう。
世界で最も早く高齢化が進んだ国でもあります。
それどころか、２０２５年にはいわゆる団塊の世代全員が後期高齢者（75歳以上）

になり、国民の5人に1人が後期高齢者という社会を迎えます。

この2025年問題と少子化によって、労働人口が減少し、社会保障費の増大や不足が予想されています。

また、医療や介護制度の整備も急務となるでしょう。

多くの識者が指摘するように、これからは健康寿命が最重視されることになります。


健康とは体力ばかりでなく、自分の持つ知、情、意が能力いっぱいに生き生きと働いていること（中略）頭のてっぺんからつま先まで、人間の持つ命を躍動させて生きること。

『香川綾の歩んだ道』より

綾さんは健康をそう定義していました。

現代で言う健康寿命について、早い段階で触れていたのは、その重要性に気づいていたからでしょう。

個人差はありますが、年齢を重ねれば、誰でも体に不具合が生じます。肩が痛いから、膝が痛いからといって、機械のように部品を交換すれば治るわけではありません。

ある程度は、それに付き合う心構えも必要でしょう。でも、いよいよ悪くなってから慌てるのではなく、その前にケアしておけば、悪化を防げます。

健康の基本は栄養と運動で、これもまた個人差がありますが、日々の暮らしの中で両方に気を配ればいいのです。

「健康であり続けるには、健康診断をするように、食事や運動の点検や体の手入れが必要です」

綾さん流に言うと、そうなります。

われわれ一般に、病気になるとひとたまりもなく、手っ取り早い療法として「食べてはいけないもの」を気にしたり〝なんとか健康法〟や薬に頼ります。抽象的な理論は立派なものだと思う一方、日常的なこと、ありふれたことを大切にする精神が欠けているのではないでしょうか。健康は一夜にしてできるものではありません。局部的な療法はその場限りの気休めでしかないのです。（大意）

『香川綾の歩んだ道』より

病気であれ怪我であれ、老いによる身体機能の衰えであれ、いずれも人間がコントロールできるものではありません。

いつかはほとんどの人が病気になり、あるいは歳を取って、それまでとは違う形で体調が悪くなるでしょう。

それは人としての宿命であり、逃がれることはできません。

ですが、栄養バランスの取れた食事や、日々の習慣としての運動を続けていれば、衰えるスピードを遅くすることができます。

言い換えれば、健康寿命を延ばせるのです。

ただし、付け焼き刃ではどうにもなりません。

病気になってから、老いを感じたからではなく、病気や老いを予防する、と考えた方がいいのかもしれません。

そのために栄養バランスの取れた食事をとり、規則正しい生活を心掛け、散歩レベルでも構いませんから、毎日運動をしましょう。

遅すぎることはありません。

今日から始めてもいいのです。

日々の積み重ねがあなたを病気や老いから守ります。

長生きすることは大事ですが、健康寿命を延ばすことはもっと大事です。

ローマは一日にしてならず、ではありませんが、健康も一朝一夕では手に入りません。

人は必ず老います。
ですから、それに備えて準備をしておく必要があります。
体は正直で、手入れを怠ればすぐガタがきますし、丁寧に労《いたわ》っていれば長持ちします。

頭のてっぺんから足のつま先まで、人間の持つ命を躍動させて生きる。

『香川綾の歩んだ道』より

一日一日の積み重ねがひと月になり、一年になります。
日々の心掛けで、健康寿命は長くなるのです。

時代についていけないと嘆かないで

「時代を作るのは若者」とよく言われます。

上辺だけを見れば、確かにそうかもしれません。

でも、本質的なことはそれほど大きく変わらないのです。


最近、とみに老害という言葉が取り沙汰されています。

2025年には日本の国民の5人に1人が75歳以上の後期高齢者になります。

超高齢国になるわけですから、老害と呼ばれる人が増えるのも無理ないかもしれません。

ですが、年齢とは数字に過ぎません。
老害と呼ばれる人は、若い頃からそういう気質だったのでしょう。
年齢によって、できることは異なります。
歳を取って、肉体的にはできないことが増えるかもしれませんが、心は違います。
何歳になっても、心を若々しく保つことはできるのです。

街を小車に乗って小林さん（付添い婦）に押してもらっていたのですが、途中でおばあさんが「私は明治生まれです」といってわざわざ話しかけて来ました。私は驚いて顔を見ました。私は明治32年生まれですが、そんなことを街を歩いていて思い出したことはありません。いつも今の時代に生きていると思っていますからね。

「食事日記」より

時代を作るのは若者、とよく言われます。

流行を作るのは若い人たちですから、上辺だけを見ればそうかもしれません。

ですが、本質的な「時代」はそれほど大きく変わらないものです。

いつの時代でも、今を生きていると思えば、あなたは現役世代なのです。

あなたたちにも時代を作れますし、いつまでも時代の担い手になれます。

年齢を重ねていくと、いろんなことを諦めがちになります。

「もう時代についていけない」そんな風に思うこともあるでしょう。

でも、それは思い違いです。

時代についていけないのではなく、あなたがついていく気力を失っただけなのです。

その気になれば、新しいことを学べますし、身につけることもできます。

「生まれた時からパソコンやインターネットが周りにあった今の世代と、わたしたちは違う」

そう考える人もいるでしょう。

でも、赤ん坊よりあなたの方が知恵があります。

そして、学ぶために十分な時間もあるのです。

複雑なプログラミングを開発しろ、とは誰も言っていません。

年齢に関係なく、できる人もいれば、できない人もいるのです。

今を生きている自覚があれば、社会に合わせるのが簡単になります。

技術的なことだけではなく、考え方や習慣もそうです。

時代は常に更新を続けています。１００パーセント合わせる必要はありませんが、ある程度取り入れた方が何かと便利でしょう。

最初から諦めていたのでは話になりません。

「学び」は年齢と関係ないのです。

新しい知識を学び、新しい技術を身につけ、新しい常識に則って生きていけば、これからの人生がますます楽しくなるでしょう。

年齢ばかり気にしていると、かえって老害に近づきます。

豊かな暮らしのために、年齢に囚《とら》われず、新しい何かを始めてはどうでしょうか。

助けたり、助けられたり

何でも他人任せで頼りきりでは、心が苦しくなるばかり。
できることがあれば、迷わず誰かのために尽くしましょう。
それがあなたの人生を救うことになるのです。

つらい時、悲しいときこそ、日課をきちんとやりながら、あきらめずに待ちなさい。必ず道は開けてきます。

『余白の一行』より

誰もがそうであるように、綾さんの人生も楽しいことばかりではありませんでした。

綾さんが生きていた時代は、今よりもっと死が身近にありました。

いくつもの戦争があり、そのために亡くなった方が大勢いました。

もちろん、病気によって亡くなった方も多かったでしょう。

母親の死、父親の死、恩師の死、友人の死、そして夫の死。

そのたびに、綾さんは嘆き、悲しみました。

ですが、そんな時こそ、一日一日を精一杯生きることで、絶望を乗り越えてきたのです。

「自分で生きる目標や意志を持って生活することが大切」

綾さんには、そんな信念がありました。

何のために生まれ、生きているのか。

自分の目標は何か、目指すところはどこか。

意志の力で、それを考えることが、生きていく上での綾さんの杖《つえ》だったのかもしれません。
誰かの死は、あなたに生を強く意識させます。
その生には意味がなければなりません。
ただ生きるのではなく、強く生きる。
その根本になるのが健康です。
健康であるから、強く生きることができるのです。
これから、日本は超高齢時代が続きます。
それは避けようがない現実です。
そういう時代においては、健康が最も重要になります。

健康でいることは、自分がつらくないばかりか、他人に奉仕することもできます。老人が多くなれば、老人同士で奉仕するということも考えなくてはいけないと思います。

「食事日記」より

歳を取り、体に不自由が生じれば、他人の助けを借りないと生きていけません。
健康であれば、他人に頼らなくて済みます。
それどころか、誰かを助けることもできるのです。
「助ける」と「助けられる」は同じです。
助けたり、助けられたり、持ちつ持たれつで社会は成り立っています。
健康でいる間は、誰かを助けましょう。
いつかあなたが健康を失っても、必ず誰かが救いの手を差し伸べてくれます。
高齢化が進み、老人が増えれば、今よりもっと互助精神が必要とされるでしょう。
何でも他人任せで、頼りきりでは、心が苦しくなります。
できることがあれば、迷わず誰かのために奉仕しましょう。
それがあなたの人生を救うことになるのです。

作る人の愛情がこもった料理

心のこもったものには、人の心を和らげる味わいが
自然に醸し出されてくるものです。どれだけ手を尽くし、心を込めたか。
それが料理を美味しくもし、不味《まず》くもします。

食事をしなければ、人間は生きていけません。
ですが、食べ過ぎは健康を害します。
栄養バランスが失われたら、いつ病気になってもおかしくありません。
そうかといって、栄養バランスだけを考えていると、料理が無味乾燥になってしま

う恐れがあります。

どんなに科学が進歩しようと、文化が発展しようと、人間は一生、食べるということ、健康という問題から逃れることはできません。この世に人が存在する限り、食と健康の問題は永遠になくならない研究テーマのはずです。

『香川綾の歩んだ道』より

年齢を重ねるに従い、食事の重要度は増していきます。
なぜなら、食事は健康と直結しているからです。
研究者として、綾さんは人生を栄養学に捧げました。
バランスの取れた食事を心掛け、さまざまな形でそれを世に広めていったのです。
綾さんは医師であり、科学者でしたが、料理人ではありません。
そのため、綾さんの作る料理はよく批判の対象になりました。

簡単に言うと、綾さんが提唱した栄養料理は、綾さんが作った四群点数法に則り、食材を4つに分け、そこから多品目を使って調理した料理、ということになります。男性、女性、年齢その他条件により違いはありますが、おおむね一日で1600から2000キロカロリーのエネルギーを摂取できる料理でもあります。

言ってみれば足し算の料理ですが、味よりも栄養を重視する、という印象を持った人が批判の声を上げたのです。

「数字にとらわれた料理は不味い」

「栄養と味は両立しない」

意味のない批判が数多く並びましたが、その中に「いわゆる〝おふくろの味〟を再現できない」あるいは「それぞれの家の味が継承できない」という主旨のものもありました。

綾さんにとっては、筋違いの意見です。

そもそもですが、肉、魚、野菜と大別しても、その組み合わせは無限で、料理を作る人が材料を選びます。

味付けに関しても、塩や砂糖、味噌、醤油に始まり、調味料は数限りなくあり、綾さんが示したのは目安に過ぎません。

綾さんが提唱した栄養料理のレシピに従えば、8割ほどが完成しますが、最後に味を決めるのは料理の作り手なのです。

そこにそれぞれの家の好みや、伝わっている味を足せばいいのです。

綾さんが大切に思っていたのは、まさにそこでした。

心のこもったものには、人の心を和らげる味わいが自然に醸しだされてくるものでしょう。

「食事日記」より

どれだけ手を尽くしたか、心を込めたか。

それが料理を美味しくもし、不味くもします。

帝国ホテルの料理長を長く続けた村上信夫氏は、世界で一番美味しい料理は何ですかという問いに、「お母さんが作った料理です」と答えたそうです。

多くの人が、同じ答えを返すのではないでしょうか。

母親が心を込めて作った料理に勝る味はありません。

綾さんはこんなことも語っています。


献立とは、材料を見て、これに刺激され教わり、溢れ出る思いで食事構想が浮かぶのである。おいしい変化のある献立は、その結果生じるものである。初級は習慣を絵にかき、中級は栄養学を配列し、上級は感興を加えてこれを作る。

「食事日記」より

綾さんは合理主義者でしたから、初級と中級については栄養料理の考え方で対応すればいい、と思っていました。

その方が早く、簡単に料理を作れます。

ただし、上級者の感興は教えられるものではありません。

世の中には味の感覚に優れた人がいます。

センスがある人もいるでしょう。

そういう才能を使えば、料理は美味しくなります。

ですが、それでも母親が心を込めて作った料理には及びません。

食事の時間は楽しく、朗らかであるべきだ、と綾さんは考えていました。

一人であれ、家族とであれ、友人とであれ、誰とであれ、食事は楽しむものです。

料理が美味しければ、より食事を楽しめます。

栄養バランスを考えることも、心を込めるひとつの表れです。

食べる人の好みや健康を考え、栄養バランスを計算し、季節や天候を思い、その日一番美味しい食事を作る。

それこそが理想の食事です。

一食一食を疎《おろそ》かにせず、真剣に作りましょう。
一日三食、1年で千食以上、10年で1万食以上です。
それがあなたの体を作り、健康を支えるのです。

料理は作る人の愛情が加味されるとき、すばらしい、またなつかしい料理となります。
『余白の一行』より

綾さんはそう語っています。

香川綾の歩み

悲しみからの決意

明治32年（1899）、香川綾は、横巻一茂とのぶ枝の長女として和歌山県で生まれます。父は維新前には名字帯刀を許された大きな農家の次男坊、母の父（祖父）は幕末まで紀州徳川藩の食膳係を務めていた旧家で、母とその兄妹は熱心なクリスチャンでした。

綾の母は料理じょうずでおやつにクッキーを焼いてくれるなど、厳格ながらも開明的な家庭で育ちます。ところが綾が15歳のとき、その母が急性肺炎で急死するのです。綾は悲しみの底に突き落とされます。悲嘆の渦が少しおさまった頃、綾は「医者になろう。医者になって病人を救おう」と決意します。

けれども父の反対で、仕方なく姉が在学している師範学校に入学。卒業後は小学校の教壇に立ちました。しかし、医者になることへの思いは断ちがたく、それから3年後、再び医学の道を目指して東京女子医学専門学校に入学するのです。

母・のぶ枝、妹の多喜と綾（右）

東京女子医学専門学校時代
（大正10年頃）

６歳から12歳頃までの
半紙に書いた学習帳

尋常高等小学校４年生
頃の綾、妹の多喜

出会いと進路

大正15年（１９２６）、東京女子医学専門学校を卒業後、綾は東京帝国大学医学部・島薗順次郎教授の内科学教室に勤務します。新人の綾に教授が与えた課題は「ご飯の炊き方」でした。つまり、炊飯の学術的な研究です。続いて「日本の食品のビタミンB含有量とそれに及ぼす調理の影響」「胚芽米の作り方とその栄養価」といった課題が与えられます。島薗教授は「食と健康」の問題を次々と提起して、綾の進路を示したのです。

教室の2年先輩に香川昇三がいました。昇三もまた島薗教授との出会いにより、ビタミンと脚気の研究にとり組んでいました。この二人に結婚を勧めたのも島薗教授です。もう少し研究を続けたいと迷う綾に島薗教授は「結婚はチャンス、仕事は一生だよ」とアドバイスします。昭和5年（１９３０）のことでした。この後、二人は力を合わせて「栄養学」という未踏の道を進んでいくのです。

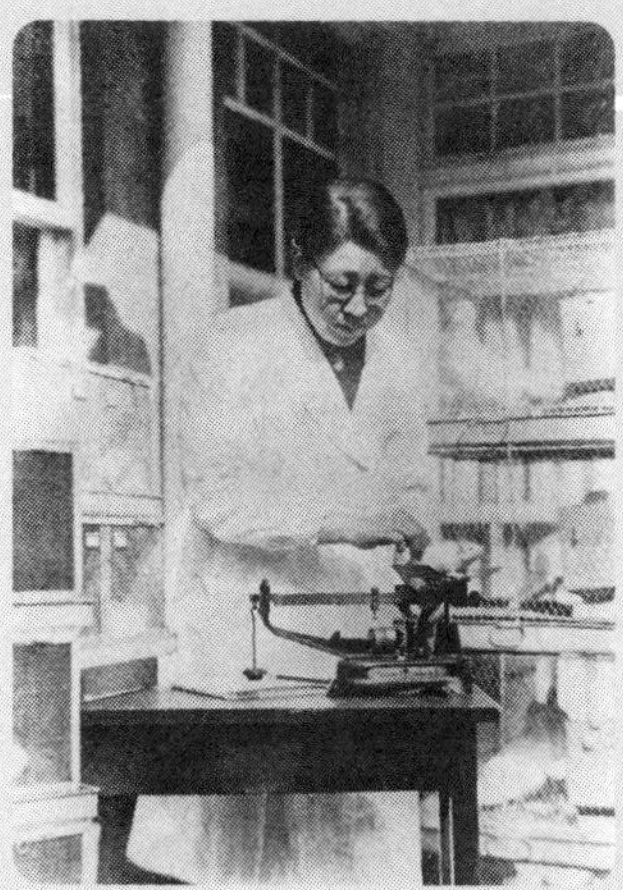

東京帝国大学に勤務した頃
（昭和３年）

研究室での香川昇三
（昭和10年）

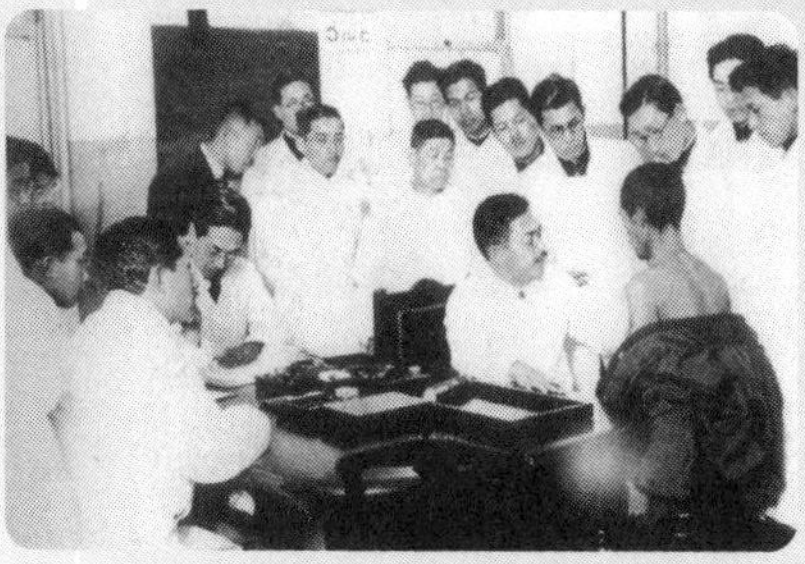

東京帝国大学島薗内科での診察風景。診察する島薗教授、記録する昇三、左端に綾の顔が見える（昭和５年）

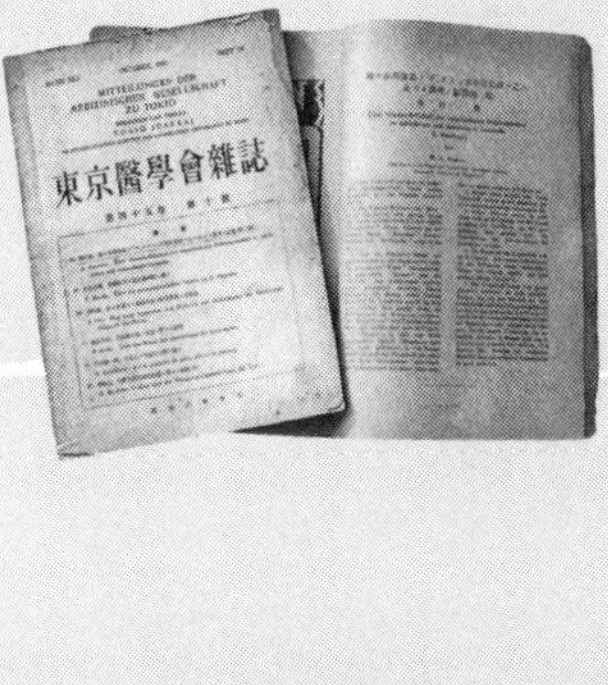

島薗内科時代の研究を『東京医学会雑誌』に発表。当時、女性の論文が医学雑誌に掲載されることはまれだった（昭和６年）

建学と喪失

昭和6年（1931）、長女・芳子の出産にともなって島薗教室を退局した綾は、昇三にも相談して、昭和8年、東京市小石川区駕籠町の自宅に「家庭食養研究会」を設立します。これが香川栄養学園の前身です。この時、二人は「栄養の改善によって病人をつくらないこと。これを目指して栄養学の研究と実践にとり組もう」と誓います。

研究会が盛んになるにつれ、活動の普及を全国に図ろうと、昭和10年（1935）に雑誌『栄養と料理』を創刊。15年には女子栄養学園の開設へと、歩みは着実に進みました。

しかし、戦争の惨禍が二人を襲います。昭和20年、空襲によって3年前に完成したばかりの駒込の校舎が焼失。そして、群馬県の学園疎開先での昇三の急死……。戦後は、綾一人の肩に学園再建の重荷がかかってきました。この苦難を、綾は「学園の灯は消さない」という一念で乗り切っていきます。

『栄養と料理』創刊号。200部印刷し、受講生や知人に贈呈（昭和10年）

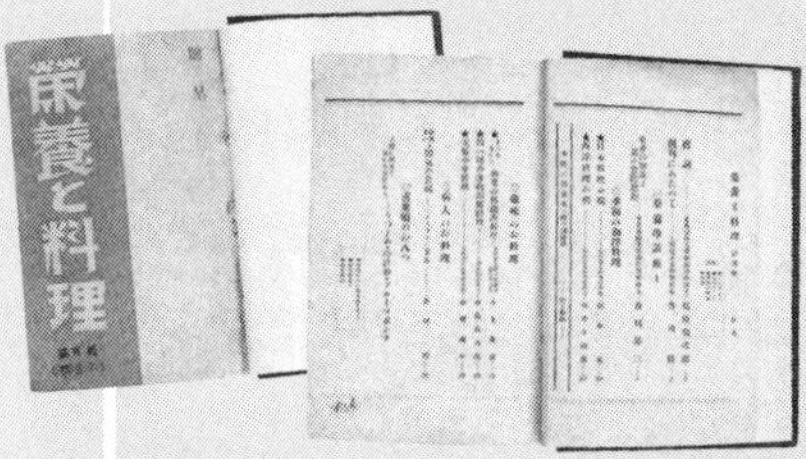

「家庭食養研究会」の校舎前で（昭和12年）

群馬県の学園疎開先での授業風景（昭和20年）

調理実習で指導する綾（右から2人目。昭和19年）

『栄養と料理』の折り込み付録。献立表とともに一日の献立の具体例をイラストで紹介（昭和13年）

再建と発展

昭和25年（1950）、苦心の末に開校した女子栄養短期大学を手始めに、綾の活動は続きます。昭和31年に短期大学二部、36年には四年制大学を設立。そして44年、大学院栄養学専攻修士課程を開設します。家庭食養研究会をスタートさせてから36年の月日が流れていました。その後、香川栄養専門学校を発足させ、学科新設などを経て、平成9年（1997）の大学院保健学専攻博士課程の開設をもって「食の総合学園」を完成させたのです。

この間、綾は自らマスコミに出演。講演会・講習会に出向き、さまざまなイベントを開催するなど栄養学の普及に努め、その活動は広く社会の共感を得ていきました。

栄養学一筋の道のりの間に、文化功労者、勲二等瑞宝章など数々の賞や顕彰を受けています。これらは「食生活の分野で働く人の代表としていただいたもの」と語る綾の心は、いつも亡き夫と母によって支えられ、見守られていたのです。

テレビにも出演し、栄養学の普及に努める（昭和38年）

戦後まもなく復刊した『栄養と料理』の表紙。編集も郵送もすべて香川家で（昭和21年）

全国の講習会、講演会も積極的に行った（昭和29年、新潟市で）

勲二等瑞宝章受章のパーティーで（昭和47年）

学園経営の苦労は続いたが、昭和24年、英文『JAPANESE COOK BOOK』を出版（日本交通公社刊）。この縁でハワイに招かれ、日本料理の講習会も開催した

継承と展開

平成9年（1997）、綾は「食の総合学園」の完成をみて、98年の生涯を閉じます。栄養学と女子教育に捧げた一生でした。「苦労も楽しい」と言った綾は、晩年まで己の人生を精一杯慈しみ、楽しみました。草花や小鳥を愛し、ジョギングをし、読み、書き、話し、聞き、考え、祈りました。

色紙を求められて、最も多く揮毫《きごう》した言葉は「実践」です。栄養学を学んでも実行しなければ意味がない。綾のすばらしさも自ら実践することにありました。

毎日の食事とともに、その日の予定、折々の感想や歌などが記された「食事日記」は最晩年に至るまで続けられていました。そこに残されていたのは、実践栄養学への一途な情熱と、命あるものへのやさしく、まっすぐな眼差しです。

「教育とは、人間が今日まで歩んできた道を誠実に考え、その継承と展開を次の世代に託すものです」

この言葉を残して綾は旅立っていきました。

85歳、自宅書斎で
日記をつける

毎日３回の食事を計量
する綾（昭和57年頃）

自宅で料理をする綾（昭和47年）

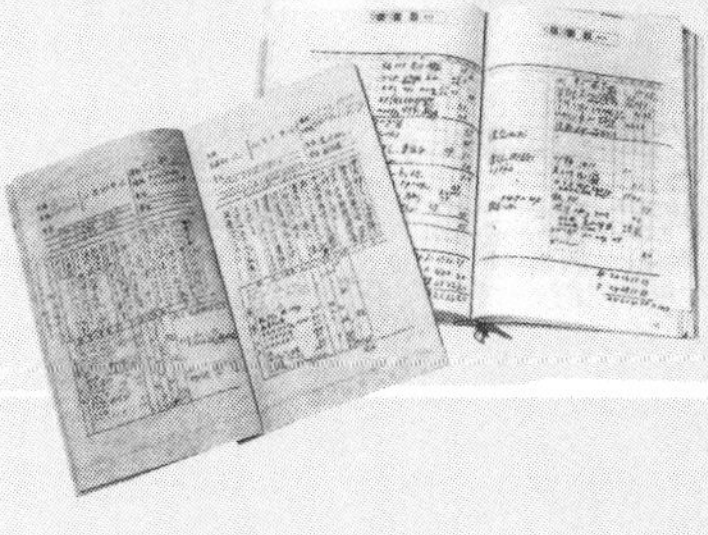

毎日の食事を記録し
た「食事日記」は、
亡くなる直前まで続
けられた

写真提供・協力／香川昇三・綾記念展示室

出典・参考資料／『余白の一行』
『香川綾からのメッセージ――実録「食事日記」』
『香川綾の歩んだ道――現代に活きる実践栄養学』
『香川綾と栄養学の二十世紀』
『食は生命なり――栄養学と香川綾の生涯』
『香川栄養学園創立70年史』

五十嵐貴久（いがらし たかひさ）

1961年東京都生まれ。成蹊大学卒業後、出版社勤務を経て『リカ』で小説家デビュー。『交渉人』『TVJ』などのサスペンス、『1985年の奇跡』『2005年のロケットボーイズ』などの青春小説、『安政五年の大脱走』『相棒』などの時代小説と、幅広い作風で多彩なジャンルの作品を発表し、その多くが映像化されている。新刊・近刊に『死写会』『PIT 特殊心理捜査班 蒼井俊』など。

装丁・本文デザイン・DTP／ohmae-d
校正／くすのき舎

栄養学の母・香川綾
98歳のメッセージを読む

もっと人生は愉快になる

2025年 1月 20日　初版第 1 刷発行
2025年 1月 30日　初版第 2 刷発行

著　者　　五十嵐貴久

発行者　　香川明夫

発行所　　女子栄養大学出版部
〒170-8481 東京都豊島区駒込3-24-3
TEL 03-3918-5411（販売） 03-3918-5301（編集）
https://eiyo21.com/

印刷・製本　中央精版印刷株式会社

ISBN 978-4-7895-5368-1

本書は、２０２３年の学園創立90周年を記念して企画・出版されたものです。